*Das 8. und 9. Geschichtsbuch
aus dem Alten Testament der Bibel*

Das 1. Buch der Chronik

Das göttliche Editorial

Der Stammbaum von Adam bis David

*Vom Sieg Davids über die Riesen,
der Verführung Davids durch den Satan,
der Pest als Strafe über die Volkszählung
durch den Engel des Herrn und
dem Tempelbau Salomos*

*Übersetzung nach
Martin Luther 1545*

Bibliografische Information der Deutschen Nationalbibliothek:
Die Deutsche Nationalbibliothek verzeichnet diese Publikation in der Deutschen Nationalbibliografie; detaillierte bibliografische Daten sind im Internet über http://dnb.dnb.de abrufbar.

© 2021, Martin Luther 1545

TWENTYSIX – Der Self-Publishing-Verlag

Eine Marke der Books on Demand GmbH

Herstellung und Verlag:
BoD – Books on Demand, Norderstedt

ISBN: 978-3-740-78012-8

Übersetzung nach Martin Luther 1545

Layout, Schriftsatz, Formatierung:
Antonia Katharina Tessnow
www.antonia-katharina.de

Das 1. Buch der Chonik

1. Kapitel

Geschlechtsregister der Erzväter von Adam bis Isaak. Die Kinder von Esau und die edomitischen Könige.

1 Adam, Seth, Enos,

2 Kenan, Mahalaleel, Jared,

3 Henoch, Methusalah, Lamech,

4 Noah, Sem, Ham, Japheth.

5 Die Kinder Japheths sind diese: Gomer, Magog, Madai, Javan, Thubal, Mesech, Thiras.

6 Die Kinder aber Gomers sind: Askenas, Riphath, Thogarma.

7 Die Kinder Javans sind: Elisa, Tharsisa, die Chittiter, die Dodaniter.

8 Die Kinder Hams sind: Chus, Mizraim, Put, Kanaan.

9 Die Kinder aber von Chus sind: Seba, Hevila, Sabtha, Ragma, Sabthecha. Die Kinder aber Ragmas sind: Saba und Dedan.

10 Chus aber zeugte Nimrod; der fing an, gewaltig zu sein auf Erden.

11 Mizraim zeugte die Luditer, die Anamiter, die Lehabiter, die Naphthuhiter,

12 die Pathrusiter, die Kasluhiter, von welchen sind ausgegangen die Philister, und die Kaphthoriter.

13 Kanaan aber zeugte Sidon, seinen ersten Sohn und Heth,

14 den Jebusiter, den Amoriter, den Girgasiter,

15 den Heviter, den Arkiter, den Siniter,

16 den Arvaditer, den Zemariter und den Hamathiter.

17 Die Kinder Sems sind diese: Elam, Assur, Arphachsad, Lud, Aram, Uz, Hul, Gether und Mesech.

18 Arphachsad aber zeugte Salah; Salah zeugte Eber.

19 Eber aber wurden zwei Söhne geboren: der eine hieß Peleg, darum daß zu seiner Zeit das Land zerteilt ward, und sein Bruder hieß Joktan.

20 Joktan aber zeugte Almodad, Saleph, Hazarmaveth, Jarah,

21 Hadoram, Usal, Dikla,

22 Ebal, Abimael, Saba,

23 Ophir, Hevila, und Jobab. Diese alle sind Kinder Joktans.

24 Sem, Arphachsad, Salah,

25 Eber, Peleg, Regu,

26 Serug, Nahor, Tharah,

27 Abram, das ist Abraham.

28 Die Kinder aber Abrahams sind: Isaak und Ismael.

29 Dies ist ihr Geschlecht: der erste Sohn Ismaels, Nebajoth, Kedar, Adbeel, Mibsam,

30 Misma, Duma, Massa, Hadad, Thema,

31 Jetur, Naphis, Kedma. Das sind die Kinder Ismaels.

32 Die Kinder aber Keturas, des Kebsweibs Abraham: die gebar Simran, Joksan, Medan,

Midian, Jesbak, Suah. Aber die Kinder Joksans sind: Saba und Dedan.

33 Und die Kinder Midians sind: Epha, Epher, Hanoch, Abida, Eldaa. Diese alle sind Kinder der Ketura.

34 Abraham zeugte Isaak. Die Kinder aber Isaaks sind: Esau und Israel.

35 Die Kinder Esaus sind: Eliphas, Reguel, Jeus, Jaelam, Korah.

36 Die Kinder Eliphas sind: Theman, Omar, Zephi, Gaetham, Kenas, Thimna, Amalek.

37 Die Kinder Reguels sind: Nahath, Serah, Samma und Missa.

38 Die Kinder Seirs sind: Lotan, Sobal, Zibeon, Ana, Dison, Ezer, Disan.

39 Die Kinder Lotans sind: Hori, Homam; und Thimna war eine Schwester Lotans.

40 Die Kinder Sobals sind: Aljan, Manahath, Ebal, Sephi, Onam. Die Kinder Zibeons sind: Aja und Ana.

41 Die Kinder Anas: Dison. Die Kinder Disons sind: Hamran, Esban, Jethran, Cheran.

42 Die Kinder Ezers sind: Bilhan, Saawan, Jaakan. Die Kinder Disans sind: Uz und Aran.

43 Die sind die Könige die regiert haben im Lande Edom, ehe denn ein König regierte unter den Kindern Israel; Bela, der Sohn Beors; und seine Stadt hieß Dinhaba.

44 Und da Bela starb, ward König an seiner Statt Jobab, der Sohn Serahs von Bozra.

45 Und da Jobab starb, ward König an seiner

Statt Husam aus der Themaniter Lande.

46 Da Husam starb, ward König an seiner Statt Hadad, der Sohn Bedads der die Midianiter schlug in der Moabiter Feld; und seine Stadt hieß Awith.

47 Da Hadad starb, ward König an seiner Statt Samla von Masrek.

48 Da Samla starb, ward König an seiner Statt Saul von Rehoboth am Strom.

49 Da Saul starb, ward König an seiner Statt Baal-Hanan, der Sohn Achbors.

50 Da Baal-Hanan starb, ward König an seiner Statt Hadad, und seine Stadt hieß Pagi; und sein Weib hieß Mehetabeel, eine Tochter Matreds, die Mesahabs Tochter war.

51 Da aber Hadad starb, wurden Fürsten zu Edom: Fürst Thimna, Fürst Alwa, Fürst Jetheth,

52 Fürst Oholibama, Fürst Ela, Fürst Pinon,

53 Fürst Kenas, Fürst Theman, Fürst Mizbar,

54 Fürst Magdiel, Fürst Iram. Das sind die Fürsten zu Edom.

2. Kapitel

Söhne Jakobs und Juda's.

1 Dies sind die Kinder Israels: Ruben, Simeon, Levi, Juda, Isaschar, Sebulon,

2 Dan, Joseph, Benjamin, Naphthali, Gad, Asser.

3 Die Kinder Juda's sind: Ger, Onan, Sela. Die

drei wurden ihm geboren von der Kanaanitin, der Tochter Suas. Ger aber, der erste Sohn Juda's, war böse vor dem HERRN; darum tötete er ihn.

4 Thamar aber, seine Schwiegertochter, gebar ihm Perez und Serah, daß aller Kinder Juda's waren fünf.

5 Die Kinder des Perez sind: Hezron und Hamul.

6 Die Kinder aber Serahs sind: Simri, Ethan, Heman, Chalkol, Dara. Diese alle sind fünf.

7 Die Kinder Charmis sind Achan, welcher Israel betrübte, da er sich am Verbannten vergriff.

8 Die Kinder Ethans sind: Asarja.

9 Die Kinder aber Hezrons, die ihm geboren, sind: Jerahmeel, Ram, Chalubai.

10 Ram aber zeugte Amminadab. Amminadab zeugte Nahesson, den Fürsten der Kinder Juda.

11 Nahesson zeugte Salma. Salma zeugte Boas.

12 Boas zeugte Obed. Obed zeugte Isai.

13 Isai zeugte seinen ersten Sohn Eliab; Abinadab, den zweiten; Simea, den dritten;

14 Nathanel, den vierten; Raddai, den fünften;

15 Ozem, den sechsten; David, den siebenten.

16 Und ihre Schwestern waren: Zeruja und Abigail. Die Kinder Zerujas sind Abisai, Joab, Asahael, die drei.

17 Abigail aber gebar Amasa. Der Vater aber Amasas war Jether, ein Ismaeliter.

18 Kaleb, der Sohn Hezrons, zeugte mit Asuba,

seiner Frau, und mit Jerigoth; und dies sind derselben Kinder: Jeser, Sobab und Ardon.

19 Da aber Asuba starb, nahm Kaleb Ephrath; die gebar ihm Hur.

20 Hur zeugte Uri. Uri zeugte Bezaleel.

21 Darnach kam Hezron zu der Tochter Machirs, des Vaters Gileads, und er nahm sie, da er sechzig Jahre alt war; und sie gebar ihm Segub.

22 Segub aber zeugte Jair; der hatte dreiundzwanzig Städte im Lande Gilead.

23 Aber die Gessuriter und Syrer nahmen ihnen die Flecken Jairs, dazu Kenath mit seinen Ortschaften, sechzig Städte. Diese alle sind Kinder Machirs, des Vaters Gileads.

24 Nach dem Tode Hezrons in Kaleb Ephratha gebar Hezrons Weib Abia ihm Ashur, den Vater Thekoas.

25 Jerahmeel, der erste Sohn Hezrons, hatte Kinder: den ersten, Ram, Buna, Oren und Ozem und Ahia.

26 Und Jerahmeel hatte noch ein anderes Weib, die hieß Atara; die ist die Mutter Onams.

27 Die Kinder aber Rams, des ersten Sohnes Jerahmeels, sind: Maaz, Jamin und Eker.

28 Aber Onam hatte Kinder: Sammai und Jada. Die Kinder aber Sammais sind: Nadab und Abisur.

29 Das Weib aber Abisurs hieß Abihail, die gebar Achban und Molid.

30 Die Kinder aber Nadabs sind: Seled und

Appaim; und Seled starb ohne Kinder.

31 Die Kinder Appaims sind: Jesai. Die Kinder Jesais sind: Sesan. Die Kinder Sesans sind: Ahelai.

32 Die Kinder aber Jadas, des Bruders Sammais, sind: Jether und Jonathan; Jether aber starb ohne Kinder.

33 Die Kinder aber Jonathans sind: Peleth und Sasa. Das sind die Kinder Jerahmeels.

34 Sesan aber hatte nicht Söhne, sondern Töchter. Und Sesan hatte einen ägyptischen Knecht, der hieß Jarha.

35 Und Sesan gab Jarha, seinem Knecht seine Tochter zum Weibe; die gebar ihm Atthai.

36 Atthai zeugte Nathan. Nathan zeugte Sabad.

37 Sabad zeugte Ephlal. Ephlal zeugte Obed.

38 Obed zeugte Jehu. Jehu zeugte Asarja.

39 Asarja zeugte Helez. Helez zeugte Eleasa.

40 Eleasa zeugte Sisemai. Sisemai zeugte Sallum.

41 Sallum zeugte Jekamja. Jekamja zeugte Elisama.

42 Die Kinder Kalebs, des Bruder Jerahmeels, sind: Mesa, sein erster Sohn, der ist der Vater Siphs, und die Kinder Maresas, des Vaters Hebrons.

43 Die Kinder aber Hebrons sind: Korah, Tappuah, Rekem und Sama.

44 Sama aber zeugte Raham, den Vater Jorkeams. Rekem zeugte Sammai.

45 Der Sohn aber Sammais hieß Maon, und

Maon war der Vater Beth-Zurs.

46 Epha aber, das Kebsweib Kalebs, gebar Haran, Moza und Gases. Haran aber zeugte Gases.

47 Die Kinder aber Jahdais sind: Regem, Jotham, Gesan, Pelet, Epha und Saaph.

48 Aber Maacha, das Kebsweib Kalebs, gebar Seber und Thirhena

49 und gebar auch Saaph, den Vater Madmannas, und Sewa, den Vater Machbenas und den Vater Gibeas. Aber Achsa war Kalebs Tochter.

50 Dies waren die Kinder Kalebs: die Söhne Hurs, des ersten Sohn's von der Ephratha: Sobal, der Vater Kirjath-Jearims;

51 Salma, der Vater Bethlehems; Hareph, der Vater Bethgaders.

52 Und Sobal, der Vater Kirjath-Jearims, hatte Söhne: Haroe und die Hälfte der Manahthiter.

53 Die Freundschaften aber zu Kirjath-Jearim waren die Jethriter, Puthiter, Sumathiter und Misraiter. Von diesen sind ausgegangen die Zorathiter und Esthaoliter.

54 Die Kinder Salmas sind Bethlehem und die Netophathiter, Atharoth des Hauses Joabs und die Hälfte der Manahthiter, das sind die Zoraiter.

55 Und die Freundschaften der Schreiber, die zu Jabez wohnten, sind die Thireathiter, Simeathiter, Suchathiter. Das sind die Kiniter, die da gekommen sind von Hammath, dem Vater des Hauses Rechabs.

Das 1. Buch der Chonik

3. Kapitel

Verzeichnis der Söhne Davids und der Könige Judas.

1 Die sind die Kinder Davids, die ihm zu Hebron geboren sind: der erste: Amnon, von Ahinoam, der Jesreelitin; der zweite: Daniel, von Abigail, der Karmelitin;

2 der dritte: Absalom, der Sohn Maachas, der Tochter Thalmais, des Königs zu Gessur; der vierte: Adonia, der Sohn Haggiths;

3 der fünfte: Sephatja, von Abital; der sechste: Jethream, von seinem Weibe Egla.

4 Diese sechs sind ihm geboren zu Hebron; denn er regierte daselbst sieben Jahre und sechs Monate; aber zu Jerusalem regierte er dreiunddreißig Jahre.

5 Und diese sind ihm geboren zu Jerusalem: Simea, Sobab, Nathan, Salomo, die vier von Bath-Sua, der Tochter Ammiels;

6 dazu Jibhar, Elisama, Eliphelet,

7 Nogah, Nepheg, Japhia,

8 Elisama, Eljada, Eliphelet, die neun.

9 Das sind alles Kinder Davids, ohne was der Kebsweiber Kinder waren. Und Thamar war ihre Schwester.

10 Salomos Sohn war Rehabeam; des Sohn war Abia; des Sohn war Asa; des Sohn war Josaphat;

11 des Sohn war Joram; des Sohn war Ahasja; des Sohn war Joas;

12 des Sohn war Amazja; des Sohn war Asarja;

des Sohn war Jotham;

13 des Sohn war Ahas; des Sohn war Hiskia; des Sohn war Manasse;

14 des Sohn war Amon; des Sohn war Josia.

15 Josias Söhne aber waren: der erste: Johanan, der zweite: Jojakim, der dritte: Zedekia, der vierte: Sallum.

16 Aber die Kinder Jojakims waren: Jechonja; des Sohnes war Zedekia.

17 Die Kinder aber Jechonjas, der gefangen ward, waren Sealthiel,

18 Malchiram, Pedaja, Seneazzar, Jekamja, Hosama, Nedabja.

19 Die Kinder Pedajas waren: Serubabel und Simei. Die Kinder Serubabels waren: Mesullam und Hananja und ihre Schwester Selomith;

20 dazu Hasuba, Ohel, Berechja, Hasadja, Jusab-Hesed, die fünf.

21 Die Kinder aber Hananjas waren: Pelatja und Jesaja, die Söhne Rephajas, die Söhne Arnans, die Söhne Obadja, die Söhne Sechanjas.

22 Die Kinder aber Sechanjas waren Semaja. Die Kinder Semajas waren: Hattus, Jigeal, Bariah, Nearja, Saphat, die sechs.

23 Die Kinder aber Nearjas waren: Eljoenai, Hiskia, Asrikam, die drei.

24 Die Kinder aber Eljoenais waren: Hodavja, Eljasib, Pelaja, Akkub, Johanan, Delaja, Anani, die sieben.

4. Kapitel

Nachkommen Juda's und Simeons.

1 Die Kinder Juda's waren: Perez, Hezron, Karmi, Hur und Sobal.

2 Reaja aber, der Sohn Sobals, zeugte Jahath. Jahath zeugte Ahumai und Lahad. Das sind die Freundschaften der Zorathiter.

3 Und dies ist der Stamm des Vaters Etams: Jesreel, Jisma, Jidbas; und ihre Schwester hieß Hazlelponi;

4 und Pnuel, der Vater Gedors, und Eser, der Vater Husas. Das sind die Kinder Hurs, des ersten Sohnes der Ephrata, des Vaters Bethlehems.

5 Ashur aber, der Vater Thekoas, hatte zwei Weiber: Helea und Naera.

6 Und Naera gebar ihm Ahussam, Hepher, Themni, Ahastari. Das sind die Kinder Naeras.

7 Aber die Kinder Heleas waren: Zereth, Jizhar und Ethnan.

8 Koz aber zeugte Anub und Hazobeba und die Freundschaft Aharhels, des Sohnes Harums.

9 Jaebez aber war herrlicher denn seine Brüder; und seine Mutter hieß ihn Jaebez, denn sie sprach: Ich habe ihn mit Kummer geboren.

10 Und Jaebez rief den Gott Israels an und sprach: Ach, daß du mich segnetest und meine Grenze mehrtest und deine Hand mit mir wäre und schafftest mit dem Übel, daß mich's nicht

bekümmere! Und Gott ließ kommen, was er bat.

11 Kalub aber, der Bruder Suhas, zeugte Mehir; der ist der Vater Esthons.

12 Esthon aber zeugte Beth-Rapha, Paseah und Thehinna, den Vater der Stadt Nahas; das sind die Männer von Recha.

13 Die Kinder des Kenas waren: Othniel und Seraja. Die Kinder aber Othniels waren: Hathath.

14 Und Meonothai zeuget Ophra. Und Seraja zeugte Joab, den Vater des Tals der Zimmerleute; denn sie waren Zimmerleute.

15 Die Kinder aber Kalebs, des Sohnes Jephunnes, waren: Iru, Ela und Naam und die Kinder des Ela und Kenas.

16 Die Kinder aber Jehallel-Els waren Siph, Sipha, Thirja und Asareel.

17 Die Kinder aber Esras waren: Jether, Mered, Epher und Jalon. Und das sind die Kinder Bithjas, der Tochter Pharaos, die der Mered nahm: sie gebar Mirjam, Sammai, Jesbah, den Vater Esthemoas.

18 Und sein jüdisches Weib gebar Jered, den Vater Gedors; Heber, den Vater Sochos; Jekuthiel, den Vater Sanoahs.

19 Die Kinder des Weibes Hodijas, der Schwester Nahams, waren: der Vater Kegilas, der Garmiter, und Esthemoa, der Maachathiter.

20 Die Kinder Simons waren: Amnon und Rinna, Ben-Hanan und Thilon. Die Kinder Jeseis waren: Soheth und Ben-Soheth.

Das 1. Buch der Chonik

21 Die Kinder aber Selas, des Sohnes Juda's, waren: Ger, der Vater Lechas, Laeda, der Vater Maresas, und die Freundschaft der Leinweber von dem Hause Asbeas;

22 dazu Jokim und die Männer von Koseba, und Joas und Saraph, die da Herren wurden über Moab, und sie kehrten nach Lahem zurück, wie die alte Rede lautet.

23 Sie waren Töpfer und wohnten unter Pflanzungen und Zäunen bei dem König zu seinem Geschäft und blieben daselbst.

24 Die Kinder Simeons waren: Nemuel, Jamin, Jarib, Serah, Saul;

25 des Sohn war Sallum; des Sohn war Mibsam; des Sohn war Mismas.

26 Die Kinder aber Mismas waren: Hammuel; des Sohn war Sakkur; des Sohn war Simei.

27 Und Simei hatte sechzehn Söhne und sechs Töchter; aber seine Brüder hatten nicht viel Kinder, und alle ihre Freundschaften mehrten sich nicht so wie die Kinder Juda's.

28 Sie wohnten aber zu Beer-Seba, Molada, Hazar-Sual,

29 Bilha, Ezem, Tholad,

30 Bethuel, Horma, Ziklag,

31 Beth-Markaboth, Hasar-Susim, Beth-Birei, Saaraim. Dies waren ihre Städte bis auf den König David, dazu ihre Dörfer.

32 Etam, Ain, Rimmon, Thochen, Asan, die fünf Städte,

33 und alle Dörfer, die um diese Städte her waren, bis gen Baal; das ist ihre Wohnung, und sie hatten ihr eigenes Geschlechtsregister.

34 Und Mesobab, Jamlech, Josa, der Sohn Amazjas,

35 Joel, Jehu, der Sohn Josibjas, des Sohnes Serajas, des Sohnes Asiels,

36 Eljoenai, Jaekoba, Jesohaja, Asaja, Adiel, Ismeel und Benaja,

37 Sisa, der Sohn Sipheis, des Sohnes Allons, des Sohnes Jedajas, des Sohnes Simris, des Sohnes Semajas:

38 diese, die mit Namen genannt sind, waren Fürsten in ihren Geschlechtern; und ihre Vaterhäuser breiteten sich aus in die Menge.

39 Und sie zogen hin, daß sie gen Gedor kämen, bis gegen Morgen des Tals, daß sie Weide suchten für ihre Schafe,

40 und fanden fette und gute Weide und ein Land, weit von Raum, still und ruhig; denn vormals wohnten daselbst die von Ham.

41 Und die jetzt mit Namen aufgezeichnet sind, kamen zur Zeit Hiskias, des Königs Juda's, und schlugen jener Hütten und die Meuniter, die daselbst gefunden wurden, und verbannte sie bis auf diesen Tag und wohnten an ihrer Statt; denn es war Weide daselbst für ihre Schafe.

42 Auch gingen aus ihnen, aus den Kindern Simeons, fünfhundert Männer zu dem Gebirge Seir mit ihren Obersten: Pelatja, Nearja, Rephaja und Usiel, den Kindern Jeseis,

Das 1. Buch der Chonik

43 und schlugen die übrigen Entronnenen der Amalekiter und wohnten daselbst bis auf diesen Tag.

5. Kapitel

Von Ruben, Gad, Manasse und Levi.

1 Die Kinder Rubens, des ersten Sohnes Israels (denn er war der erste Sohn; aber damit, daß er seines Vaters Bett entweihte, war seine Erstgeburt gegeben den Kinder Josephs, des Sohnes Israels, und er ward nicht aufgezeichnet zur Erstgeburt;

2 denn Juda, der mächtig war unter seinen Brüdern, dem ward das Fürstentum vor ihm gegeben, und Joseph die Erstgeburt).

3 So sind nun die Kinder Rubens, des ersten Sohnes Israels: Henoch, Pallu, Hezron und Charmi.

4 Die Kinder aber Joels waren: Semaja; des Sohnes war Gog; des Sohnes war Simei;

5 des Sohn war Micha; des Sohn war Reaja; des Sohn war Baal;

6 des Sohn war Beera, welchen gefangen wegführte Thilgath-Pilneser, der König von Assyrien; er aber war ein Fürst unter den Rubenitern.

7 Aber seine Brüder unter seinen Geschlechtern, da sie nach ihrer Geburt

aufgezeichnet wurden, waren: Jeiel, der Oberste, und Sacharja

8 und Bela, der Sohn des Asas, des Sohnes Semas, des Sohnes Joels; der wohnte zu Aroer und bis gen Nebo und Baal-Meon

9 und wohnte gegen Aufgang, bis man kommt an die Wüste am Wasser Euphrat; denn ihres Viehs war viel im Lande Gilead.

10 Und zur Zeit Sauls führten sie Krieg wider die Hagariter, daß sie fielen durch ihre Hand, und wohnten in deren Hütten auf der ganzen Morgengrenze von Gilead.

11 Die Kinder Gads aber wohnten ihnen gegenüber im Lande Basan bis gen Salcha:

12 Joel, der Vornehmste, und Sapham, der andere, Jaenai und Saphat zu Basan.

13 Und ihre Brüder nach ihren Vaterhäusern waren: Michael, Mesullam, Seba, Jorai, Jaekan, Sia und Eber, die sieben.

14 Dies sind die Kinder Abihails, des Sohnes Huris, des Sohnes Jaroahs, des Sohnes Gileads, des Sohnes Michaels, des Sohnes Jesisais, des Sohnes Jahdos, des Sohnes Bus.

15 Ahi, der Sohn Abdiels, des Sohnes Gunis, war ein Oberster in ihren Vaterhäusern,

16 und sie wohnten zu Gilead in Basan und in seinen Ortschaften und in allen Fluren Sarons bis an ihre Enden.

17 Diese wurden alle aufgezeichnet zur Zeit Jothams, des König in Juda, und Jerobeams, des Königs über Israel.

Das 1. Buch der Chonik

18 Der Kinder Ruben, der Gaditer und des halben Stammes Manasse, was streitbare Männer waren, die Schild und Schwert führen und Bogen spannen konnten und streitkundig waren, deren waren vierundvierzigtausend und siebenhundertundsechzig die ins Heer zogen.

19 Und sie stritten mit den Hagaritern und mit Jetur, Naphis und Nodab;

20 und es ward ihnen geholfen wider sie, und die Hagariter wurden gegeben in ihre Hände und alle, die mit ihnen waren. Denn sie schrieen zu Gott im Streit, und er ließ sich erbitten; denn sie vertrauten ihm.

21 Und sie führten weg ihr Vieh, fünftausend Kamele, zweihundertfünfzigtausend Schafe, zweitausend Esel, und hunderttausend Menschenseelen.

22 Denn es fielen viele Verwundete; denn der Streit war von Gott. Und sie wohnten an ihrer Statt bis zur Zeit, da sie gefangen weggeführt wurden.

23 Die Kinder aber des halben Stammes Manasse wohnten im Lande von Basan an bis gen Baal-Hermon und Senir und den Berg Hermon; und ihrer waren viel.

24 Und diese waren die Häupter ihrer Vaterhäuser: Epher, Jesei, Eliel, Asriel, Jeremia, Hodavja, Jahdiel, gewaltige Männer und berühmte Häupter in ihren Vaterhäusern.

25 Und da sie sich an dem Gott ihrer Väter versündigten und abfielen zu den Götzen der

Völker im Lande, die Gott vor ihnen vertilgt hatte,

26 erweckte der Gott Israels den Geist Phuls, des Königs von Assyrien, und den Geist Thilgath-Pilnesers, des Königs von Assyrien; der führte weg die Rubeniter, Gaditer und den halben Stamm Manasse und brachte sie gen Halah und an den Habor und gen Hara und an das Wasser Gosan bis auf diesen Tag.

6. Kapitel

Namen und Wohnung der Kinder Levi und Aaron.

1 Die Kinder Levis waren: Gerson, Kahath und Merari.

2 Die Kinder aber Kahaths waren: Amram, Jizhar, Hebron und Usiel.

3 Die Kinder Amrams waren: Aaron, Mose und Mirjam. Die Kinder Aaron waren Nadab, Abihu, Eleasar und Ithamar.

4 Eleasar zeugte Pinehas. Pinehas zeugte Abisua.

5 Abisua zeugte Bukki. Bukki zeugte Usi.

6 Usi zeugte Serahja. Serahja zeugte Merajoth.

7 Merajoth zeugte Amarja. Amarja zeugte Ahitob.

8 Ahitob zeugte Zadok. Zadok zeugte Ahimaaz.

9 Ahimaaz zeugte Asarja. Asarja zeugte Johanan.

10 Johanan zeugte Asarja, den, der Priester war in dem Hause, das Salomo baute zu Jerusalem.

11 Asarja zeugte Amarja. Amarja zeugte Ahitob.

12 Ahitob zeugte Zadok. Zadok zeugte Sallum.

13 Sallum zeugte Hilkia. Hilkia zeugte Asarja.

14 Asarja zeugte Seraja. Seraja zeugte Jozadak.

15 Jozadak aber ward mit weggeführt, da der HERR Juda und Jerusalem durch Nebukadnezar ließ gefangen wegführen.

16 So sind nun die Kinder Levis diese: Gerson, Kahath, Merari.

17 So heißen aber die Kinder Gersons: Libni und Simei.

18 Aber die Kinder Kahaths heißen: Amram, Jizhar, Hebron und Usiel.

19 Die Kinder Meraris heißen: Maheli und Musi. Das sind die Geschlechter der Leviten nach ihren Vaterhäusern.

20 Gerson Sohn war Libni; des Sohn war Jahath; des Sohn war Simma;

21 des Sohn war Joah; des Sohn war Iddo; des Sohn war Serah; des Sohn war Jeathrai.

22 Kahaths Sohn aber war Aminadab; des Sohn war Korah; des Sohn war Assir;

23 des Sohn war Elkana; des Sohn war Abiasaph; des Sohn war Assir;

24 des Sohn war Thahat; des Sohn war Uriel; des Sohn war Usia; des Sohn war Saul.

25 Die Kinder Elkanas waren: Amasai und Ahimoth;

26 des Sohn war Elkana; des Sohn war Elkana von Zoph; des Sohn war Nahath;

27 des Sohn war Eliab; des Sohn war Jeroham; des Sohn war Elkana.

28 Und die Kinder Samuels waren: der Erstgeborene Vasni und Abia.

29 Meraris Sohn war Maheli; des Sohn war Libni; des Sohn war Simei; des Sohn war Usa;

30 des Sohn war Simea; des Sohn war Haggia; des Sohn war Asaja.

31 Dies sind aber, die David bestellte, zu singen im Hause des HERRN, als die Lade des Bundes zur Ruhe gekommen war;

32 und sie dienten vor der Wohnung der Hütte des Stifts mit Singen, bis daß Salomo das Haus des HERRN baute zu Jerusalem, und standen nach ihrer Weise in ihrem Amt.

33 Und dies sind sie, die da standen, und ihre Kinder: Von den Kindern Kahaths war Heman, der Sänger, der Sohn Joels, des Sohnes Samuel;

34 des Sohnes Elkanas, des Sohnes Jerohams, des Sohnes Eliels, des Sohnes Thoahs,

35 des Sohnes Zuphs, des Sohnes Elkanas, des Sohnes Mahaths, des Sohnes Amasais,

36 des Sohnes Elkanas, des Sohnes Joels, des Sohnes Asarjas, des Sohnes Zephanjas,

37 des Sohnes Thahaths, des Sohnes Assirs, des Sohnes Abiasaphs, des Sohnes Korahs,

38 des Sohnes Jizhars, des Sohnes Kahaths, des Sohnes Levis, des Sohnes Israels.

39 Und sein Bruder Asaph stand zu seiner

Rechten. Und er, der Asaph, war ein Sohn Berechjas, des Sohnes Simeas,

40 des Sohnes Michaels, des Sohnes Baesejas, des Sohnes Malchias,

41 des Sohnes Athnis, des Sohnes Serahs, des Sohnes Adajas,

42 des Sohnes Ethans, des Sohnes Simmas, des Sohnes Simeis,

43 des Sohnes Jahats, des Sohnes Gersons, des Sohnes Levis.

44 Ihre Brüder aber, die Kinder Meraris, standen zur Linken: nämlich Ethan, der Sohn Kusis, des Sohnes Abdis, des Sohnes Malluchs,

45 des Sohnes Hasabjas, des Sohnes Amazjas, des Sohnes Hilkias,

46 des Sohnes Amzis, des Sohnes Banis, des Sohnes Semers,

47 des Sohnes Mahelis, des Sohnes Musis, des Sohnes Meraris, des Sohnes Levis.

48 Ihre Brüder aber, die Leviten, waren gegeben zu allerlei Amt an der Wohnung des Hauses Gottes.

49 Aaron aber und seine Söhne waren im Amt, anzuzünden auf dem Brandopferaltar und auf dem Räucheraltar und zu allem Geschäft im Allerheiligsten und zu versöhnen Israel, wie Mose, der Knecht Gottes, geboten hatte.

50 Dies sind aber die Kinder Aarons: Eleasar, sein Sohn: des Sohn war Pinehas; des Sohn war Abisua;

51 des Sohn war Bukki, des Sohn war Usi; des

Sohn war Serahja;

52 des Sohn war Merajoth; des Sohn war Amarja; des Sohn war Ahitob;

53 des Sohn war Zadok; des Sohn war Ahimaaz.

54 Und dies ist ihre Wohnung und Sitz in ihren Grenzen, nämlich der Kinder Aaron, des Geschlechts der Kahathiter; denn das Los fiel ihnen zu,

55 und sie gaben ihnen Hebron im Lande Juda und desselben Vorstädte umher.

56 Aber das Feld der Stadt und ihre Dörfer gaben sie Kaleb, dem Sohn Jephunnes.

57 So gaben sie nun den Kinder Aaron die Freistädte Hebron und Libna samt ihren Vorstädten, Jatthir und Esthemoa mit ihren Vorstädten.

58 Hilen, Debir,

59 Asan und Beth-Semes mit ihren Vorstädten;

60 und aus dem Stamm Benjamin: Geba, Alemeth und Anathoth mit ihren Vorstädten, daß aller Städte in ihren Geschlechtern waren dreizehn.

61 Aber den Kindern Kahaths nach ihren Geschlechtern wurden durch Los aus dem Stamm Ephraim, aus dem Stamm Dan und aus dem halben Stamm Manasse zehn Städte.

62 Den Kindern Gerson nach ihren Geschlechtern wurden aus dem Stamm Isaschar und aus dem Stamm Asser und aus dem Stamm Naphthali und aus dem Stamm Manasse in Basan dreizehn Städte.

63 Den Kindern Merari nach ihren Geschlechtern wurden durch das Los aus dem Stamm Ruben und aus dem Stamm Gad und aus dem Stamm Sebulon zwölf Städte.

64 Und die Kinder Israel gaben den Leviten die Städte mit ihren Vorstädten,

65 nämlich durchs Los aus dem Stamm der Kinder Juda und aus dem Stamm der Kinder Simeon und aus dem Stamm der Kinder Benjamin die Städte, die sie mit Namen bestimmten.

66 Aber den Geschlechtern der Kinder Kahath wurden Städte ihres Gebietes aus dem Stamm Ephraim.

67 So gaben sie nun ihnen, dem Geschlecht der andern Kinder Kahath, die Freistädte: Sichem auf dem Gebirge Ephraim, Geser,

68 Jokmeam, Beth-Horon,

69 Ajalon und Gath-Rimmon mit ihren Vorstädten.

70 Dazu aus dem halben Stamm Manasse: Aner und Bileam mit ihren Vorstädten.

71 Aber den Kindern Gerson gaben sie aus dem Geschlecht des halben Stammes Manasse: Golan in Basan und Astharoth mit ihren Vorstädten.

72 Aus dem Stamm Isaschar: Kedes, Dabrath,

73 Ramoth und Anem mit ihren Vorstädten.

74 Aus dem Stamm Asser: Masal, Abdon,

75 Hukok und Rehob mit ihren Vorstädten.

76 Aus dem Stamm Naphthali: Kedes in Galiläa,

Hammon und Kirjathaim mit ihren Vorstädten.

77 Den andern Kindern Merari gaben sie aus dem Stamm Sebulon: Rimmono und Thabor mit ihren Vorstädten;

78 und jenseit des Jordans gegenüber Jericho, gegen der Sonne Aufgang am Jordan, aus dem Stamm Ruben: Bezer in der Wüste, Jahza,

79 Kedemoth und Mephaat mit ihren Vorstädten.

80 Aus dem Stamm Gad: Ramoth in Gilead, Mahanaim,

81 Hesbon und Jaser mit ihren Vorstädten.

7. Kapitel

Geschlechtsregister der sechs übrigen Söhne Jakobs.

1 Die Kinder Isaschars waren: Thola, Phua, Jasub und Simron, die vier.

2 Die Kinder aber Tholas waren: Usi, Rephaja, Jeriel, Jahemai, Jibsam und Samuel, Häupter in ihren Vaterhäusern von Thola und gewaltige Männer in ihrem Geschlecht, an der Zahl zu Davids Zeiten zweiundzwanzigtausend und sechshundert.

3 Die Kinder Usis, waren: Jisrahja. Aber die Kinder Jisrahjas waren: Michael, Obadja, Joel und Jissia, die fünf, und alle waren Häupter.

4 Und mit ihnen unter ihrem Geschlecht nach ihren Vaterhäusern waren gerüstetes Heervolk

zum Streit sechsunddreißigtausend; denn sie hatten viel Weiber und Kinder.

5 Und ihre Brüder in allen Geschlechtern Isaschars waren gewaltige Männer und wurden alle aufgezeichnet, siebenundachtzigtausend.

6 Die Kinder Benjamins waren Bela, Becher und Jediael, die drei.

7 Aber die Kinder Belas waren: Ezbon, Usi, Usiel, Jerimoth und Iri, die fünf, Häupter in ihren Vaterhäusern, gewaltige Männer. Und wurden aufgezeichnet zweiundzwanzigtausend und vierunddreißig.

8 Die Kinder Bechers waren: Semira, Joas, Elieser, Eljoenai, Omri, Jerimoth, Abia, Anathoth und Alemeth; die waren alle Kinder des Becher.

9 Und wurden aufgezeichnet in ihren Geschlechtern nach den Häuptern ihrer Vaterhäuser, gewaltige Männer, zwanzigtausend und zweihundert.

10 Die Kinder aber Jediaels waren: Bilhan. Bilhans Kinder aber waren: Jeus, Benjamin, Ehud, Knaena, Sethan, Tharsis und Ahisahar.

11 Die waren alle Kinder Jediaels, Häupter ihrer Vaterhäuser, gewaltige Männer, siebzehntausend zweihundert, die ins Heer auszogen, zu streiten.

12 Und Suppim und Huppim waren Kinder der Irs; Husim aber waren Kinder Ahers.

13 Die Kinder Naphthalis waren: Jahziel, Guni, Jezer und Sallum, Kinder von Bilha.

14 Die Kinder Manasse sind diese: Asriel,

welchen gebar sein syrisches Kebsweib; auch gebar sie Machir, den Vater Gileads.

15 Und Machir gab Huppim und Suppim Weiber; und seine Schwester hieß Maacha. Sein andrer Sohn hieß Zelophehad; und Zelophehad hatte Töchter.

16 Und Maacha, das Weib Machirs, gebar einen Sohn, den hieß sie Peres; und sein Bruder hieß Seres, und desselben Söhne waren Ulam und Rekem.

17 Ulams Sohn aber war Bedan. Das sind die Kinder Gileads, des Sohnes Machirs, des Sohnes Manasses.

18 Und seine Schwester Molecheth gebar Ishod, Abieser und Mahela.

19 Und Semida hatte diese Kinder: Ahjan, Sichem, Likhi und Aniam.

20 Die Kinder Ephraims waren diese: Suthela (des Sohn war Bered; des Sohn war Thahath; des Sohn war Eleada; des Sohn war Thahath;

21 des Sohn war Sebad; des Sohn war Suthela) und Eser und Elead. Und die Männer zu Gath, die Einheimischen im Lande, erwürgten sie, darum daß sie hinabgezogen waren ihr Vieh zu nehmen.

22 Und ihr Vater Ephraim trug lange Zeit Leid, und seine Brüder kamen, ihn zu trösten.

23 Und er ging ein zu seinem Weibe; die ward schwanger und gebar einen Sohn, den hieß er Beria, darum daß es in seinem Hause übel zuging.

24 Seine Tochter aber war Seera; die baute das niedere und obere Beth-Horon und Usen-Seera.

25 Des Sohn war Repha und Reseph; des Sohn war Thelah; des Sohn war Thahan;

26 des Sohn war Laedan; des Sohn war Ammihud, des Sohn war Elisama

27 des Sohn war Nun; des Sohn war Josua.

28 Und ihre Habe und Wohnung war Beth-El und seine Ortschaften, und gegen Aufgang Naeran, und gegen Abend Geser und seine Ortschaften, Sichem und seine Ortschaften bis gen Ajia und seine Ortschaften,

29 und an der Seite der Kinder Manasse Beth-Sean und seine Ortschaften, Thaanach und seine Ortschaften, Megiddo und seine Ortschaften, Dor und seine Ortschaften. In diesen wohnten die Kinder Josephs, des Sohnes Israels.

30 Die Kinder Asser waren diese: Jimna, Jiswa, Jiswi, Beria und Serah, ihre Schwester.

31 Die Kinder Berias waren: Heber und Malchiel, das ist der Vater Birsawiths.

32 Heber aber zeugte Japhlet, Semer, Hotham und Sua, ihre Schwester.

33 Die Kinder Japhlets waren: Pasach, Bimehal und Aswath; das waren die Kinder Japhlets.

34 Die Kinder Semers waren: Ahi, Rohga, Jehubba und Aram.

35 Und die Kinder seines Bruders Helem waren: Zophah, Jimna, Seles und Amal.

36 Die Kinder Zophas waren: Suah, Harnepher, Sual, Beri, Jimra,

37 Bezer, Hod, Samma, Silsa, Jethran und Beera.

38 Die Kinder Jethers waren: Jephunne, Phispa und Ara.

39 Die Kinder Ullas waren: Arah, Hanniel und Rizja.

40 Diese waren alle Kinder Assers, Häupter ihrer Vaterhäuser, auserlesene, gewaltige Männer und Häupter über Fürsten. Und wurden aufgezeichnet ins Heer zum Streit an ihrer Zahl sechsundzwanzigtausend Mann.

8. Kapitel

Das Haus Benjamin und Saul.

1 Benjamin aber zeugte Bela, seinen ersten Sohn; Asbal, den zweiten; Ahrah, den dritten;

2 Noha, den vierten; Rapha, den fünften.

3 Und Bela hatte Kinder: Addar, Gera, Abihud,

4 Abisua, Naeman, Ahoah,

5 Gera, Sephuphan und Huram.

6 Dies sind die Kinder Ehuds (die da Häupter waren der Vaterhäuser unter den Bürgern zu Geba und zogen weg gen Manahath,

7 nämlich Naeman, Ahia und Gera, derselbe führte sie weg): und er zeugte Usa und Abihud.

8 Und Saharaim zeugte im Lande Moab, da er von sich gelassen hatte seine Weiber Husim und Baara,

9 und er zeugte von Hodes, seinem Weibe:

Jobab, Zibja, Mesa, Malcham,

10 Jeuz, Sachja und Mirma. Das sind seine Kinder, Häupter der Vaterhäuser.

11 Von Husim aber zeugte er Abitob und Elpaal.

12 die Kinder aber Elpaals waren: Eber, Miseam und Semer. Derselbe baute Ono und Lod und ihre Ortschaften.

13 Und Beria und Sema waren Häupter der Vaterhäuser unter den Bürgern zu Ajalon; sie verjagten die zu Gath.

14 Ahjo aber, Sasak, Jeremoth,

15 Sebadja, Arad, Ader,

16 Michael, Jispa und Joha, das sind Kinder Berias.

17 Sebadja, Mesullam, Hiski, Heber,

18 Jismerai, Jislia, Jobab, das sind Kinder Elpaals.

19 Jakim, Sichri, Sabdi,

20 Eljoenai, Zilthai, Eliel,

21 Adaja, Braja und Simrath, das sind Kinder Simeis.

22 Jispan, Eber, Eliel,

23 Abdon, Sichri, Hanan,

24 Hananja, Elam, Anthothja,

25 Jephdeja und Pnuel, das sind die Kinder Sasaks.

26 Samserai, Seharja, Athalja,

27 Jaeresja, Elia und Sichri, das sind Kinder Jerohams.

28 das sind die Häupter der Vaterhäuser ihrer

Geschlechter, die zu Jerusalem wohnten.

29 Aber zu Gibeon wohnte der Vater Gibeons, und sein Weib hieß Maacha,

30 und sein erster Sohn war Abdon, Zur, Kis, Baal, Nadab,

31 Gedo, Ahjo, Secher;

32 Mikloth aber zeugte Simea. Und auch sie wohnten ihren Brüdern gegenüber zu Jerusalem mit ihnen.

33 Ner zeugte Kis. Kis zeugte Saul. Saul zeugte Jonathan, Malchisua, Abinadab und Esbaal.

34 Der Sohn aber Jonathans war Merib-Baal. Merib-Baal zeugte Micha.

35 Die Kinder Michas waren: Pithon, Melech, Tharea und Ahas.

36 Ahas aber zeugte Joadda. Joadda zeugte Alemeth, Asmaveth und Simri. Simri zeugte Moza.

37 Moza zeugte Binea; des Sohn war Rapha; des Sohn war Eleasa; des Sohn war Azel.

38 Azel aber hatte sechs Söhne; die hießen: Asrikam, Bochru, Ismael, Searja, Obadja, Hanan. Die waren alle Söhne Azels.

39 Die Kinder Eseks, seines Bruders, waren: Ulam, sein erster Sohn; Jeus, der andere; Eliphelet, der dritte.

40 Die Kinder aber Ulams waren gewaltige Leute und geschickt mit Bogen und hatten viele Söhne und Sohnes-Söhne: hundertfünfzig. Die sind alle von den Kindern Benjamins.

9. Kapitel

*Einwohner zu Jerusalem und Gibeon.
Die Ämter am Heiligtum.*

1 Und das ganze Israel ward aufgezeichnet, und siehe, sie sind aufgeschrieben im Buch der Könige Israels; und Juda ward weggeführt gen Babel um seiner Missetat willen.

2 Und die zuerst wohnten auf ihren Gütern und Städten, waren Israel, Priester, Leviten und Tempelknechte.

3 Und zu Jerusalem wohnten etliche der Kinder Juda, etliche der Kinder Benjamin, etliche der Kinder Ephraim und Manasse:

4 nämlich aus den Kindern des Perez, des Sohnes Juda's, war Uthai, der Sohn Ammihuds, des Sohnes Omris, des Sohnes Imris, des Sohnes Banis,

5 von den Selaniter aber Asaja, der erste Sohn, und seine Söhne,

6 von den Kindern Serah: Jeguel und seine Brüder, sechshundertundneunzig;

7 von den Kindern Benjamin: Sallu, der Sohn Mesullams, des Sohnes Hodavjas, des Sohnes Hasnuas,

8 und Jibneja, der Sohn Jerohams, und Ela, der Sohn Usis, des Sohnes Michris, und Mesullam, der Sohn Sephatjas, des Sohnes Reguels, des Sohnes Jibnejas,

9 dazu ihre Brüder in ihren Geschlechtern,

neunhundertsechsundfünfzig. Alle diese Männer waren Häupter in ihren Vaterhäusern.

10 Von den Priestern aber: Jedaja, Jojarib, Jachin

11 und Asarja, der Sohn Hilkias, des Sohnes Mesullams, des Sohnes Zadoks, des Sohnes Merajoths, des Sohnes Ahitobs, ein Fürst im Hause Gottes,

12 und Adaja, der Sohn Jerohams, des Sohnes Pashurs, des Sohnes Malchias, und Maesai, der Sohn Abdiels, des Sohnes Jahseras, des Sohnes Mesullams, des Sohnes Mesillemiths, des Sohnes Immers,

13 dazu ihre Brüder, Häupter ihrer Vaterhäuser, tausendsiebenhundert und sechzig, tüchtige Leute im Geschäft des Amtes im Hause Gottes.

14 Von den Leviten aber aus den Kinder Meraris: Semaja, der Sohn Hassubs, des Sohnes Asrikams, des Sohnes Hasabjas,

15 und Bakbakkar, Heres und Galal und Matthanja, der Sohn Michas, des Sohnes Sichris, des Sohnes Asaphs,

16 und Obadja, der Sohn Semajas, des Sohnes Galals, des Sohnes Jeduthuns, und Berechja, der Sohn Asas, des Sohnes Elkanas, der in den Dörfern der Netophathiter wohnte.

17 Die Pförtner aber waren: Sallum, Akkub, Talmon, Ahiman mit ihren Brüdern; und Sallum war der Oberste,

18 und er hat bisher am Tor des Königs gegen Aufgang gewartet. Dies sind die Pförtner in den

Lagern der Kinder Levi.

19 Und Sallum, der Sohn Kores, des Sohnes Abiasaphs, des Sohnes Korahs, und seine Brüder aus seinem Vaterhause, die Korahiter, waren im Geschäft des Amts, daß sie warteten an der Schwelle der Hütte, wie auch ihre Väter im Lager des HERRN des Eingangs gewartet hatten.

20 Pinehas aber, der Sohn Eleasars, war vorzeiten Fürst über sie, darum daß der HERR mit ihm gewesen war.

21 Sacharja aber, der Sohn Meselemjas, war Hüter am Tor der Hütte des Stifts.

22 Alle diese waren auserlesen zu Hütern an der Schwelle, zweihundertundzwölf; die waren aufgezeichnet in ihren Dörfern. Und David und Samuel, der Seher, setzten sie ein auf Glauben,

23 daß sie und ihre Kinder hüten sollten die Tore am Hause des HERRN, nämlich an dem Hause der Hütte, daß sie sein warteten.

24 Es waren aber solche Torwächter gegen die vier Winde gestellt: gegen Morgen, gegen Abend, gegen Mitternacht, gegen Mittag.

25 Ihre Brüder aber waren auf ihren Dörfern, daß sie hereinkämen allezeit je des siebenten Tages, bei ihnen zu sein,

26 Denn auf Glauben waren diese die vier obersten Torhüter. Und die Leviten waren über die Kammern und Schätze im Hause Gottes.

27 Auch blieben sie über Nacht um das Haus Gottes; denn es gebührte ihnen die Hut, daß sie

alle Morgen auftäten.

28 Und etliche aus ihnen waren über das Gerät des Amts; denn sie trugen's gezählt aus und ein.

29 und ihrer etliche waren bestellt über die Gefäße und über alles heilige Gerät, über Semmelmehl, über Wein, über Öl, über Weihrauch, über Spezereien.

30 Und der Priester Kinder machten etliche das Salböl mit Spezereien.

31 Und Matthithja, aus den Leviten, dem ersten Sohn Sallums, des Korahiters, waren vertraut die Pfannen.

32 Aus den Kahathitern aber, ihren Brüdern, waren etliche über die Schaubrote, sie zuzurichten auf alle Sabbate.

33 Jene aber sind die Sänger, die Häupter der Vaterhäuser der Leviten, die in den Kammern keinen Dienst hatten; denn Tag und Nacht waren sie in ihrem Geschäft.

34 Das sind die Häupter der Vaterhäuser unter den Leviten in ihren Geschlechtern. Diese wohnten zu Jerusalem.

35 Zu Gibeon wohnten Jeiel, der Vater Gibeons; sein Weib hieß Maacha

36 und sein erster Sohn Abdon, Zur, Kis, Baal, Ner, Nadab,

37 Gedor, Ahjo, Sacharja, Mikloth;

38 Mikloth aber zeugte Simeam. Und sie wohnten auch ihren Brüdern gegenüber zu Jerusalem unter den Ihren.

39 Ner aber zeugte Kis. Kis zeugte Saul. Saul

zeugte Jonathan, Malchisua, Abinadab, Esbaal.

40 Der Sohn aber Jonathans war Merib-Baal. Merib-Baal aber zeugte Micha.

41 Die Kinder Michas waren: Pithon, Melech und Tharea.

42 Ahas zeugte Jaera. Jaera zeugte Alemeth, Asmaveth und Simmri. Simmri zeugte Moza.

43 Moza zeugte Binea; des Sohn war Raphaja; des Sohn war Eleasa; des Sohn war Azel.

44 Azel aber hatte sechs Söhne; die hießen: Asrikam, Bochru, Ismael, Searja, Obadja, Hanan. Das sind die Kinder Azels.

10. Kapitel

Sauls Untergang im Streit wider die Philister.

1 Die Philister stritten wider Israel. Und die von Israel flohen vor den Philistern und fielen erschlagen auf dem Gebirge Gilboa.

2 Aber die Philister hingen sich an Saul und seine Söhne hinter ihnen her und erschlugen Jonathan, Abinadab und Malchisua, die Söhne Sauls.

3 Und des Streit ward hart wider Saul; und die Bogenschützen kamen an ihn, daß er von den Schützen verwundet ward.

4 Da sprach Saul zu seinem Waffenträger: Zieh dein Schwert aus und erstich mich damit, daß diese Unbeschnittenen nicht kommen und

schändlich mit mir umgehen! Aber sein Waffenträger wollte nicht; denn er fürchtete sich sehr. Da nahm Saul sein Schwert und fiel hinein.

5 Da aber sein Waffenträger sah, daß er tot war, fiel er auch ins Schwert und starb.

6 Also starb Saul und seine drei Söhne und sein ganzes Haus zugleich.

7 Da aber die Männer Israels, die im Grunde wohnten, sahen, daß sie geflohen waren und daß Saul und seine Söhne tot waren, verließen sie ihre Städte und flohen, und die Philister kamen und wohnten darin.

8 Des andern Morgens kamen die Philister, die Erschlagenen auszuziehen, und fanden Saul und seine Söhne liegen auf dem Gebirge Gilboa

9 und zogen ihn aus und hoben auf sein Haupt und seine Waffen und sandten's ins Land der Philister umher und ließen's verkündigen vor ihren Götzen und dem Volk

10 und legten seine Waffen ins Haus ihres Gottes, und seinen Schädel hefteten sie ans Haus Dagons.

11 Da aber alle die zu Jabes in Gilead hörten alles, was die Philister Saul getan hatten,

12 machten sie sich auf, alle streitbaren Männer, und nahmen die Leichname Sauls und seiner Söhne und brachten sie gen Jabes und begruben ihre Gebeine unter der Eiche zu Jabes und fasteten sieben Tage.

13 Also starb Saul an seiner Missetat, die er wider den HERRN getan hatte an dem Wort des

HERRN, das er nicht hielt; auch daß er die Wahrsagerin fragte

14 und fragte den HERRN nicht, darum tötete er ihn und wandte das Reich zu David, dem Sohn Isais.

11. Kapitel

David wird einmütig zum König gesalbt, erobert und bewohnt die Burg Zion. Seine Helden.

1 Und ganz Israel versammelte sich zu David gen Hebron und sprach: Siehe, wir sind dein Bein und dein Fleisch.

2 Auch schon, da Saul König war, führtest du Israel aus und ein. So hat der HERR, dein Gott, dir geredet: Du sollst mein Volk Israel weiden, und du sollst Fürst sein über mein Volk Israel.

3 Also kamen alle Ältesten Israels zum König gen Hebron. Und David machte einen Bund mit ihnen zu Hebron vor dem HERRN. Und sie salbten David zu König über Israel nach dem Wort des HERRN durch Samuel.

4 Und David zog hin und das ganze Israel gen Jerusalem, das ist Jebus; denn die Jebusiter wohnten daselbst im Lande.

5 Und die Bürger zu Jebus sprachen zu David: Du sollst nicht hereinkommen. David aber gewann die Burg Zion, das ist Davids Stadt.

6 Und David sprach: Wer die Jebusiter am

ersten schlägt, der soll ein Haupt und Oberster sein. Da erstieg sie am ersten Joab, der Zeruja Sohn, und ward Hauptmann.

7 David aber wohnte auf der Burg; daher heißt man sie Davids Stadt.

8 Und er baute die Stadt umher, von Millo an bis ganz umher. Joab aber ließ leben die übrigen in der Stadt.

9 Und David nahm immer mehr zu, und der HERR Zebaoth war mit ihm.

10 Dies sind die Obersten unter den Helden Davids, die sich redlich mit ihm hielten in seinem Königreiche bei ganz Israel, daß man ihn zum König machte nach dem Wort des HERRN über Israel.

11 Und dies ist die Zahl der Helden Davids: Jasobeam, der Sohn Hachmonis, der Vornehmste unter den dreißig; er hob seinen Spieß auf und schlug dreihundert auf einmal.

12 Nach ihm aber Eleasar, der Sohn Dodos, der Ahohiter; und er war unter den drei Helden.

13 Dieser war mit David zu Pas-Dammim, da die Philister sich daselbst versammelt hatten zu Streit. Und es war da ein Stück Acker voll Gerste. Und das Volk floh vor den Philistern.

14 Und sie traten mitten aufs Stück und erretteten es und schlugen die Philister; und der HERR gab großes Heil.

15 Und drei aus den dreißig Vornehmsten zogen hinab zum Felsen zu David in die Höhle Adullam; aber der Philister Lager lag im Grunde

Das 1. Buch der Chonik

Rephaim.

16 David aber war an sicherem Ort; und die Schildwacht der Philister war dazumal zu Bethlehem.

17 Und David ward lüstern und sprach: Wer will mir Wasser zu trinken geben aus dem Brunnen zu Bethlehem unter dem Tor?

18 Da brachen die drei in der Philister Lager und schöpften Wasser aus dem Brunnen zu Bethlehem unter dem Tor und trugen's und brachten's zu David. Er aber wollte es nicht trinken, sondern goß es aus dem HERRN

19 und sprach: Das lasse mein Gott fern von mir sein, daß ich solches tue und trinke das Blut dieser Männer in ihres Lebens Gefahr; denn sie haben's mit ihres Lebens Gefahr hergebracht! Darum wollte er's nicht trinken. Das taten die drei Helden.

20 Abisai, der Bruder Joabs, der war der Vornehmste unter dreien; und er hob seinen Spieß auf und schlug dreihundert. Und er war unter dreien berühmt,

21 und er, der dritte, herrlicher denn die zwei und war ihr Oberster; aber bis an jene drei kam er nicht.

22 Benaja, der Sohn Jojadas, des Sohnes Is-Hails, von großen Taten, von Kabzeel, er schlug zwei Helden der Moabiter und ging hinab und schlug einen Löwen mitten im Brunnen zur Schneezeit.

23 Er schlug auch einen ägyptischen Mann, der

war fünf Ellen groß und hatte einen Spieß in der Hand wie ein Weberbaum. Aber er ging zu ihm hinab mit einem Stecken und nahm ihm den Spieß aus der Hand und tötete ihn mit seinem eigenen Spieß.

24 Das tat Benaja, der Sohn Jojadas, und war berühmt unter drei Helden

25 und war der herrlichste unter den dreißig; aber an jene drei kam er nicht. David aber machte ihn zum heimlichen Rat.

26 Die streitbaren Helden sind diese: Asahel, der Bruder Joabs; Elhanan, der Sohn Dodos von Bethlehem;

27 Sammoth, der Haroriter; Helez, der Peloniter;

28 Ira, der Sohn Ikkes, der Thekoiter; Abieser, der Anathothiter;

29 Sibbechai, der Husathiter; Ilai, der Ahohiter;

30 Maherai, der Netophathiter; Heled, der Sohn Baanas, der Netophathiter;

31 Itthai, der Sohn Ribais, von Gibea der Kinder Benjamin; Benaja, der Pirathoniter;

32 Hurai, von Nahale-Gaas; Abiel, der Arbathiter;

33 Asmaveth, der Baherumiter; Eljahba, der Saalboniter;

34 die Kinder Hasems, des Gisoniters; Jonathan, der Sohn Sages, der Harariter;

35 Ahiam, der Sohn Sachars, der Harariter; Elipal der Sohn Urs;

36 Hepher, der Macherathiter; Ahia, der

Peloniter;

37 Hezro, der Karmeliter; Naerai, der Sohn Asbais;

38 Joel, der Bruder Nathans; Mibehar, der Sohn Hagris;

39 Zelek, der Ammoniter; Naherai, der Berothiter, der Waffenträger Joabs, des Sohnes der Zeruja;

40 Ira, der Jethriter; Gareb, der Jethriter;

41 Uria, der Hethiter; Sabad, der Sohn Ahelais;

42 Adina, der Sohn Sisas, der Rubeniter, ein Hauptmann der Rubeniter, und dreißig waren unter ihm;

43 Hanan, der Sohn Maachas; Josaphat, der Mithniter;

44 Usia, der Asthrathiter; Sama und Jaiel, die Söhne Hothams des Aroeriters;

45 Jediael, der Sohn Simris; Joha, sein Bruder, der Thiziter;

46 Eliel, der Maheviter; Jeribai und Josawja, die Söhne Elnaams; Jethma, der Moabiter;

47 Eliel, Obed, Jaesiel von Mezobaja.

12. Kapitel

Daniels Beistand an streitbaren Männern.

1 Auch kamen diese zu David gen Ziklag, da er noch abgesondert war vor Saul, dem Sohn des

Kis, und sie waren auch unter den Helden, die zum Streit halfen,

2 mit Bogen gerüstet, geschickt mit beiden Händen, auf Steine und auf Pfeile und Bogen: von den Brüdern Sauls, die aus Benjamin waren:

3 der Vornehmste Ahieser und Joas, die Kinder Saamas, des Gibeathiters, Jesiel und Pelet, die Kinder Asmaveths, Baracha und Jehu, der Anathothiter,

4 Jismaja, der Gibeoniter, gewaltig unter den dreißig und über die dreißig. Jeremia, Jahasiel, Johanan, Josabad, der Gederathither,

5 Eleusai, Jerimoth, Bealja, Semarja, Sephatja, der Harophiter,

6 Elkana, Jissia, Asareel, Joeser, Jasobeam, die Korahiter,

7 Joela und Sebadja, die Kinder Jerohams von Gedor.

8 Von den Gaditern sonderten sich aus zu David nach dem sichern Ort in der Wüste, da er sich verborgen hatte, starke Helden und Kriegsleute, die Schild und Spieß führten, und ihr Angesicht wie der Löwen, und schnell wie die Rehe auf den Bergen:

9 der erste: Eser, der zweite: Obadja, der dritte: Eliab,

10 der vierte: Masmanna, der fünfte: Jeremia,

11 der sechste: Atthai, der siebente: Eliel,

12 der achte: Johanan, der neunte: Elsabad,

13 der zehnte: Jeremia, der elfte: Machbannai.

14 Diese waren von den Kindern Gad, Häupter

im Heer, der Kleinste über hundert und der größte über tausend.

15 Die sind's, die über den Jordan gingen im ersten Monat, da er voll war an beiden Ufern, und verjagten alle, die in den Gründen wohnten, gegen Morgen und gegen Abend.

16 Es kamen aber auch Kinder Benjamins und Juda's zu David an seinen sichern Ort.

17 David aber ging heraus zu ihnen, und antwortete und sprach zu ihnen: Kommt ihr im Frieden zu mir und mir zu helfen, so soll mein Herz mit euch sein; kommt ihr aber mit List und mir zuwider zu sein, da doch kein Frevel an mir ist, so sehe der Gott unsrer Väter darein und strafe es.

18 Aber der Geist ergriff Amasai, den Hauptmann unter den dreißig: Dein sind wir, David, und mit dir halten wir's, du Sohn Isais. Friede, Friede sei mit dir! Friede sei mit deinen Helfern! denn dein Gott hilft dir. Da nahm sie David an und setzte sie zu Häuptern über die Kriegsleute.

19 Und von Manasse fielen zu David, da er kam mit den Philistern wider Saul zum Streit und half ihnen nicht. Denn die Fürsten der Philister ließen ihn mit Bedacht von sich und sprachen: Wenn er zu seinem Herrn Saul fiele, so möchte es uns unsern Hals kosten.

20 Da er nun gen Ziklag zog, fielen zu ihm von Manasse Adna, Josabad, Jediael, Michael, Josabad, Elihu, Zilthai, Häupter über tausend in

Manasse.

21 Und sie halfen David wider die Kriegsleute; denn sie waren alle streitbare Männer und wurden Hauptleute über das Heer.

22 Auch kamen alle Tage etliche zu David, ihm zu helfen, bis daß es ein großes Heer ward wie ein Heer Gottes.

23 Und dies ist die Zahl der Häupter, gerüstet zum Heer, die zu David gen Hebron kamen, das Königreich Sauls zu ihm zu wenden nach dem Wort des HERRN:

24 der Kinder Juda, die Schild und Spieß trugen, waren sechstausend und achthundert, gerüstet zum Heer;

25 der Kinder Simeon, streitbare Helden zum Heer, siebentausend und hundert;

26 der Kinder Levi viertausend und sechshundert,

27 und Jojada, der Fürst unter denen von Aaron, mit dreitausend und siebenhundert,

28 Zadok, ein junger streitbarer Held mit seines Vaters Hause, zweiundzwanzig Oberste;

29 der Kinder Benjamin, Sauls Brüder, dreitausend (denn bis auf die Zeit hielten ihrer noch viel an dem Hause Saul);

30 der Kinder Ephraim zwanzigtausend und achthundert, streitbare Helden und berühmte Männer in ihren Vaterhäusern;

31 des halben Stammes Manasse achtzehntausend, die mit Namen genannt wurden, daß sie kämen und machten David zum

König;

32 der Kinder Isaschar, die verständig waren und rieten, was zu der Zeit Israel tun sollte, zweihundert Hauptleute; und alle ihre Brüder folgten ihrem Wort;

33 von Sebulon, die ins Heer zogen zum Streit, gerüstet mit allerlei Waffen zum Streit, fünfzigtausend, sich in die Ordnung zu schicken einträchtig;

34 von Naphthali tausend Hauptleute und mit ihnen, die Schild und Spieß führten, siebenunddreißigtausend;

35 von Dan, zum Streit gerüstet, achtundzwanzigtausend sechshundert;

36 von Asser, die ins Heer zogen, gerüstet zum Streit, vierzigtausend;

37 von jenseit des Jordans, von den Rubenitern, Gaditern und dem halben Stamm Manasse, mit allerlei Waffen zum Streit, hundertzwanzigtausend.

38 Alle diese Kriegsleute, die das Heer ordneten, kamen von ganzem Herzen gen Hebron, David zum König zu machen über ganz Israel. Auch war alles andere Israel eines Herzens, daß man David zum König machte.

39 Und sie waren daselbst bei David drei Tage, aßen und tranken; denn ihre Brüder hatten für sie zubereitet.

40 Auch welche die nächsten um sie waren, bis hin an Isaschar, Sebulon und Naphthali, die brachten Brot auf Eseln, Kamelen, Maultieren

und Rindern, Speise von Mehl, Kuchen von Feigen und Rosinen, Wein, Öl, Rinder, Schafe die Menge; denn es war Freude in Israel.

13. Kapitel

*David holt die Bundeslade ein
und setzt sie im Hause Obed-Edoms nieder.*

1 Und David hielt einen Rat mit den Hauptleuten über tausend und über hundert und mit allen Fürsten

2 und sprach zu der ganzen Gemeinde Israel: Gefällt es euch und ist's vom HERRN, unserm Gott, so laßt uns allenthalben ausschicken zu unsern andern Brüdern in allen Landen Israels und mit ihnen zu den Priestern und Leviten in den Städten, da sie Vorstädte haben, daß sie zu uns versammelt werden,

3 und laßt uns die Lade unsers Gottes zu uns wieder holen; denn zu den Zeiten Sauls fragten wir nicht nach ihr.

4 Da sprach die ganze Gemeinde, man sollte also tun; denn solches gefiel allem Volk wohl.

5 Also versammelte David das ganze Israel, vom Sihor Ägyptens an, bis man kommt gen Hamath, die Lade Gottes zu holen von Kirjath-Jearim.

6 Und David zog hinauf mit ganz Israel gen Baala, nach Kirjath-Jearim, welches liegt in Juda,

daß er von da heraufbrächte die Lade Gottes, des HERRN, der auf dem Cherubim sitzt, da der Name angerufen wird.

7 Und sie ließen die Lade Gottes auf einem neuen Wagen führen aus dem Hause Abinadabs. Usa aber und sein Bruder trieben den Wagen.

8 David aber und das ganze Israel spielten vor Gott her aus ganzer Macht mit Liedern, mit Harfen, mit Psaltern, mit Pauken, mit Zimbeln, und mit Posaunen.

9 Da sie aber kamen zur Tenne Chidon, reckte Usa seine Hand aus, die Lade zu halten; denn die Rinder schritten beiseit aus.

10 Da erzürnte der Grimm des HERRN über Usa, und er schlug ihn, darum daß er seine Hand hatte ausgereckt an die Lade, daß er daselbst starb vor Gott.

11 Da ward David traurig, daß der HERR den Usa wegriß, und hieß die Stätte Perez-Usa bis auf diesen Tag.

12 Und David fürchtete sich vor Gott des Tages und sprach: Wie soll ich die Lade Gottes zu mir bringen?

13 Darum ließ er die Lade Gottes nicht zu sich bringen in die Stadt Davids, sondern lenkte sie hin ins Haus Obed-Edoms, des Gahtiters.

14 Also blieb die Lade Gottes bei Obed-Edom in seinem Hause drei Monate. Und der HERR segnete das Haus Obed-Edoms und alles, was er hatte.

14. Kapitel

*Davids Palast, Weiber, Kinder
und Siege über die Philister.*

1 Und Hiram, der König zu Tyrus, sandte Boten zu David und Zedernholz, Maurer und Zimmerleute, daß sie ihm ein Haus bauten.

2 Und David merkte, daß ihn der HERR zum König über Israel bestätigt hatte; denn sein Königreich stieg auf um seines Volkes Israel willen.

3 Und David nahm noch mehr Weiber zu Jerusalem und zeugte noch mehr Söhne und Töchter.

4 Und die ihm zu Jerusalem geboren wurden, hießen also: Sammua, Sobab, Nathan, Salomo,

5 Jibhar, Elisua, Elpelet,

6 Nogah, Nepheg, Japhia,

7 Elisama, Baeljada, Eliphelet.

8 Und da die Philister hörten, daß David zum König gesalbt war über ganz Israel, zogen sie alle herauf, David zu suchen. Da das David hörte, zog er aus gegen sie.

9 Und die Philister kamen und ließen sich nieder im Grunde Rephaim.

10 David aber fragte Gott und sprach: Soll ich hinaufziehen wider die Philister? und willst du sie in meine Hand geben? Der HERR sprach zu ihm: Zieh hinauf! ich hab sie in deine Hände gegeben.

11 Und da sie hinaufzogen gen Baal-Perazim,

schlug sie David daselbst. Und David sprach: Gott hat meine Feinde durch meine Hand zertrennt, wie sich das Wasser trennt. Daher hießen sie die Stätte Baal-Perazim.

12 Und sie ließen ihre Götter daselbst; da hieß sie David mit Feuer verbrennen.

13 Aber die Philister machten sich wieder heran und ließen sich nieder im Grunde.

14 Und David fragte abermals Gott; und Gott sprach zu ihm: Du sollst nicht hinaufziehen hinter ihnen her, sondern lenke dich von ihnen, daß du an sie kommst gegenüber den Maulbeerbäumen.

15 Wenn du dann wirst hören das Rauschen oben auf den Maulbeerbäumen einhergehen, so fahre heraus zum Streit; denn Gott ist da vor dir ausgezogen, zu schlagen der Philister Heer.

16 Und David tat, wie ihm Gott geboten hatte; und sie schlugen das Heer der Philister von Gibeon an bis gen Geser.

17 Und Davids Namen ging aus in alle Lande, und der HERR ließ seine Furcht über alle Heiden kommen.

15. Kapitel

Die Bundeslade wird an ihren Ort gebracht.

1 Und er baute Häuser in der Stadt Davids und bereitete der Lade Gottes eine Stätte und

breitete eine Hütte über sie.

2 Dazumal sprach David: Die Lade Gottes soll niemand tragen außer den Leviten; denn diese hat der HERR erwählt, daß sie die Lade Gottes tragen und ihm dienen ewiglich.

3 Da versammelte David das ganze Israel gen Jerusalem, daß sie die Lade des HERRN hinaufbrächten an die Stätte, die er dazu bereitet hatte.

4 Und David brachte zuhauf die Kinder Aaron und die Leviten:

5 aus den Kindern Kahath: Uriel, den Obersten, samt seinen Brüdern, hundertundzwanzig;

6 aus den Kindern Merari: Asaja, den Obersten, samt seinen Brüdern, zweihundertzwanzig;

7 aus den Kindern Gerson: Joel, den Obersten, samt seinen Brüdern, hundertunddreißig;

8 aus den Kindern Elizaphan: Semaja, den Obersten, samt seinen Brüdern, zweihundert;

9 aus den Kindern Hebron: Eliel, den Obersten, samt seinen Brüdern, achtzig;

10 aus den Kinder Usiel: Amminadab, den Obersten, samt seinen Brüdern, hundertundzwölf.

11 Und David rief Zadok und Abjathar, die Priester, und die Leviten, nämlich Uriel, Asaja, Joel, Semaja, Eliel, Amminadab,

12 und sprach zu ihnen: Ihr seid die Häupter der Vaterhäuser unter den Leviten; so heiligt nun euch und eure Brüder, daß ihr die Lade des HERRN, des Gottes Israels, heraufbringt an den

Ort, den ich ihr bereitet habe;

13 denn das erstemal, da ihr nicht da waret, machte der HERR, unser Gott, einen Riß unter uns, darum daß wir ihn nicht suchten, wie sich's gebührt.

14 Also heiligten sich die Priester und die Leviten, daß sie die Lade des HERRN, des Gottes Israels, heraufbrächten.

15 Und die Kinder Levi trugen die Lade Gottes auf ihren Achseln mit den Stangen daran, wie Mose geboten hatte nach dem Wort des HERRN.

16 Und David sprach zu den Obersten der Leviten, daß sie ihre Brüder zu Sängern bestellen sollten mit Saitenspiel, mit Psaltern, Harfen und hellen Zimbeln, daß sie laut sängen und mit Freuden.

17 Da bestellten die Leviten Heman, den Sohn Joels, und aus seinen Brüdern Asaph, den Sohn Berechjas, und aus den Kindern Meraris, ihren Brüdern, Ethan, den Sohn Kusajas,

18 und mit ihnen ihre Brüder der zweiten Ordnung: Sacharja, Ben-Jaesiel, Semiramoth, Jehiel, Unni, Eliab, Benaja, Maaseja, Matthithja, Eliphelehu, Mikneja, Obed-Edom, Jeiel, die Torhüter.

19 Denn Heman, Asaph und Ethan waren Sänger mit ehernen Zimbeln, hell zu klingen;

20 Sacharja aber, Asiel, Semiramoth, Jehiel, Unni, Eliab, Maaseja und Benaja mit Psaltern, nachzusingen;

21 Matthithja aber, Eliphelehu, Mikneja, Obed-Edom, Jeiel und Asasja mit Harfen von acht Saiten, vorzusingen;

22 Chenanja aber, der Leviten Oberster, der Sangmeister, daß er sie unterwiese zu singen; denn er war verständig.

23 Und Berechja und Elkana waren Torhüter der Lade.

24 Aber Sebanja, Josaphat, Nathanael, Amasai, Sacharja, Benaja, Elieser, die Priester, bliesen die Drommeten vor der Lade Gottes; und Obed-Edom und Jehia waren Torhüter an der Lade.

25 Also gingen hin David und die Ältesten in Israel und die Obersten über die Tausende, heraufzuholen die Lade des Bundes des HERRN aus dem Hause Obed-Edoms mit Freuden.

26 Und da Gott den Leviten half, die die Lade des Bundes des HERRN trugen, opferte man sieben Farren und sieben Widder.

27 Und David hatte einen leinenen Rock an, dazu alle Leviten, die die Lade trugen, und die Sänger und Chenanja, der Sangmeister, mit den Sängern; auch hatte David einen leinenen Leibrock darüber.

28 Also brachte das ganze Israel die Lade des Bundes des HERRN hinauf mit Jauchzen, Posaunen, Drommeten und hellen Zimbeln, mit Psaltern und Harfen.

29 Da nun die Lade des Bundes des HERRN in die Stadt Davids kam, sah Michal, die Tochter Sauls, zum Fenster heraus; und da sie den König

David sah hüpfen und spielen, verachtete sie ihn in ihrem Herzen.

16. Kapitel

Davids Lobgesang bei Heimholung der Bundeslade. Bestellung des Gottesdienstes.

1 Und da sie die Lade Gottes hineinbrachten, setzten sie sie in die Hütte, die ihr David aufgerichtet hatte, und opferten Brandopfer und Dankopfer vor Gott.
2 Und da David die Brandopfer und Dankopfer ausgerichtet hatte, segnete er das Volk im Namen des HERRN
3 und teilte aus jedermann in Israel, Männern und Weibern, einen Laib Brot und ein Stück Fleisch und ein halbes Maß Wein.
4 Und er bestellte etliche Leviten zu Dienern vor der Lade des HERRN, daß sie priesen, dankten und lobten den HERRN, den Gott Israels:
5 nämlich Asaph, den ersten, Sacharja, den andern, Jeiel, Semiramoth, Jehiel, Matthithja, Eliab, Benaja, Obed-Edom und Jeiel mit Psaltern und Harfen, Asaph aber mit hellen Zimbeln,
6 Benaja aber und Jahasiel, die Priester, mit Drommeten allezeit vor der Lade des Bundes Gottes.
7 Zu der Zeit bestellte David zum ersten, dem

HERRN zu danken, durch Asaph und seine Brüder:

8 Danket dem HERRN, prediget seinen Namen; tut kund unter den Völkern sein Tun!

9 Singet und spielet ihm; dichtet von allen seinen Wundern!

10 Rühmet seinen heiligen Namen; es freue sich das Herz derer, die den HERRN suchen!

11 Fraget nach dem HERRN und nach seiner Macht; suchet sein Angesicht allezeit!

12 Gedenket seiner Wunderwerke, die er getan hat, seiner Wunder und der Gerichte seines Mundes,

13 ihr, der Same Israels, seines Knechtes, ihr Kinder Jakobs, seine Auserwählten!

14 Er ist der HERR, unser Gott; er richtet in aller Welt.

15 Gedenket ewiglich seines Bundes, was er verheißen hat in tausend Geschlechter,

16 den er gemacht hat mit Abraham, und seines Eides mit Isaak;

17 und stellte es Jakob zum Recht und Israel zum ewigen Bund

18 und sprach: Dir will ich das Land Kanaan geben, das Los eures Erbteils,

19 da sie wenig und gering waren und Fremdlinge darin.

20 Und sie zogen von einem Volk zum andern und aus einem Königreich zum andern Volk.

21 Er ließ niemand ihnen Schaden tun und strafte Könige um ihretwillen.

Das 1. Buch der Chonik

22 "Tastet meine Gesalbten nicht an und tut meinen Propheten kein Leid!"

23 Singet dem HERRN, alle Lande; verkündiget täglich sein Heil!

24 Erzählet unter den Heiden seine Herrlichkeit, unter allen Völkern seine Wunder!

25 Denn der HERR ist groß und sehr löblich und herrlich über alle Götter.

26 Denn aller Heiden Götter sind Götzen; der HERR aber hat den Himmel gemacht.

27 Es stehet herrlich und prächtig vor ihm und gehet gewaltig und fröhlich zu an seinem Ort.

28 Bringet her dem HERRN, ihr Völker, bringet her dem HERRN Ehre und Macht!

29 Bringet her dem HERRN die Ehre seines Namens; bringet Geschenke und kommt vor ihn und betet den HERRN an in heiligem Schmuck!

30 Es fürchte ihn alle Welt; er hat den Erdboden bereitet, daß er nicht bewegt wird.

31 Es freue sich der Himmel, und die Erde sei fröhlich; und man sage unter den Heiden, daß der HERR regieret.

32 Das Meer brause und was darinnen ist; und das Feld sei fröhlich und alles, was darauf ist.

33 Und lasset jauchzen alle Bäume im Walde vor dem HERRN; denn er kommt, zu richten die Erde.

34 Danket dem HERRN; denn er ist freundlich, und seine Güte währet ewiglich.

35 Und sprecht: Hilf uns, Gott, unser Heiland, und sammle uns und errette uns aus den

Heiden, daß wir deinem heiligen Namen danken und dir Lob sagen.

36 Gelobet sei der HERR, der Gott Israels, von Ewigkeit zu Ewigkeit! Und alles Volk sagte Amen! und: Lobe den HERRN!

37 Also ließ er daselbst vor der Lade des Bundes des HERRN den Asaph und seine Brüder, zu dienen vor der Lade allezeit, einen jeglichen Tag sein Tagewerk,

38 aber Obed-Edom und ihre Brüder, achtundsechzig, und Obed-Edom, den Sohn Jedithuns, und Hosa zu Torhütern.

39 Und Zadok, den Priester, und seine Brüder, die Priester, ließ er vor der Wohnung des HERRN auf der Höhe zu Gibeon,

40 daß sie dem HERRN täglich Brandopfer täten auf dem Brandopferaltar, des Morgens und des Abends, wie geschrieben steht im Gesetz des HERRN, das er an Israel geboten hat,

41 und mit ihnen Heman und Jedithun und die andern Erwählten, die mit Namen benannt waren, zu danken dem HERRN, daß seine Güte währet ewiglich,

42 und mit ihnen Heman und Jedithun, mit Drommeten und Zimbeln zu klingen und mit Saitenspielen Gottes. Die Kinder aber Jedithun machte er zu Torhütern.

43 Also zog alles Volk heim, ein jeglicher in sein Haus; und David kehrte auch heim, sein Haus zu grüßen.

17. Kapitel

*David will einen Tempel bauen
und empfängt die Verheißung
von dem ewigen Königreich seines Samens.*

1 Es begab sich, da David in seinem Hause wohnte, sprach er zu dem Propheten Nathan: Siehe, ich wohne in einem Zedernhaus, und die Lade des Bundes des HERRN ist unter Teppichen.

2 Nathan sprach zu David: Alles was in deinem Herzen ist, das tue; denn Gott ist mit dir.

3 Aber in derselben Nacht kam das Wort Gottes zu Nathan und sprach:

4 Gehe hin und sage David, meinem Knecht: So spricht der HERR: Du sollst mir nicht ein Haus bauen zur Wohnung.

5 Denn ich habe in keinem Hause gewohnt von dem Tage an, da ich die Kinder Israel ausführte, bis auf diesen Tag; sondern bin gewesen, wo die Hütte gewesen ist und die Wohnung.

6 Wo ich wandelte im ganzen Israel, habe ich auch zu der Richter einem in Israel je gesagt, denen ich gebot zu weiden mein Volk, und gesprochen: Warum baut ihr mir nicht ein Zedernhaus?

7 So sprich nun also zu meinem Knecht David: So spricht der HERR Zebaoth: Ich habe dich genommen von der Weide hinter den Schafen, daß du solltest sein ein Fürst über mein Volk

Israel,

8 und bin mit dir gewesen, wo du hin gegangen bist, und habe deine Feinde ausgerottet vor dir und habe dir einen Namen gemacht, wie die Großen auf Erden Namen haben.

9 Und ich will meinem Volk Israel eine Stätte setzen und will es pflanzen, daß es daselbst wohnen soll und nicht mehr bewegt werde; und die bösen Leute sollen es nicht mehr schwächen wie vormals und zu den Zeiten, da ich den Richtern gebot über mein Volk Israel.

10 Und ich will alle deine Feinde demütigen und verkündige dir, daß der HERR dir ein Haus bauen will.

11 Wenn aber deine Tage aus sind, daß du hingehst zu deinen Vätern, so will ich dir Samen erwecken, der deiner Söhne einer sein soll; dem will ich sein Königreich bestätigen.

12 Der soll mir ein Haus bauen, und ich will seinen Stuhl bestätigen ewiglich.

13 Ich will sein Vater sein, und er soll mein Sohn sein. Und ich will meine Barmherzigkeit nicht von ihm wenden, wie ich sie von dem gewandt habe, der vor dir war;

14 sondern ich will ihn setzen in mein Haus und in mein Königreich ewiglich, daß sein Stuhl beständig sei ewiglich.

15 Und da Nathan nach allen diesen Worten und all diesem Gesicht mit David redete,

16 kam der König David und blieb vor dem HERRN und sprach: Wer bin ich, HERR, GOTT,

und was ist mein Haus, daß du mich bis hierher gebracht hast?

17 Und das hat dich noch zu wenig gedeucht, Gott, sondern du hast über das Haus deines Knechtes noch von fernem Zukünftigen geredet; und hast mich angesehen nach Menschenweise, der du in der Höhe Gott der HERR bist.

18 Was soll David mehr sagen zu dir, daß du deinem Knecht herrlich machst? Du erkennst deinen Knecht.

19 HERR, um deines Knechtes willen, nach deinem Herzen hast du alle solche großen Dinge getan, daß du kundtätest alle Herrlichkeit.

20 HERR, es ist deinesgleichen nicht und ist kein Gott denn du, nach allem, was wir mit unseren Ohren gehört haben.

21 Und wo ist ein Volk auf Erden wie dein Volk Israel, um welches willen Gott hingegangen ist, sich ein Volk zu erlösen und sich selbst einen Namen zu machen von großen und schrecklichen Dingen, Heiden auszustoßen vor deinem Volk her, das du aus Ägypten erlöst hast.

22 Und du hast dir dein Volk Israel zum Volk gemacht ewiglich; und du, HERR, bist ihr Gott geworden.

23 Nun, HERR, das Wort, das du geredet hast über deinen Knecht und über sein Haus, werde wahr ewiglich, und tue, wie du geredet hast.

24 Und dein Name werde wahr und groß ewiglich, daß man sage: Der HERR Zebaoth, der

Gott Israels, ist Gott in Israel, und das Haus deines Knechtes David ist beständig vor dir.

25 Denn du, mein Gott, hast das Ohr deines Knechtes geöffnet, daß du ihm ein Haus bauen willst; darum hat dein Knecht Mut gefunden, daß er vor dir betet.

26 Nun, HERR, du bist Gott und hast solch Gutes deinem Knecht geredet.

27 Nun hebe an, zu segnen das Haus deines Knechtes, daß es ewiglich sei vor dir; denn was du, HERR, segnest, das ist gesegnet ewiglich.

18. Kapitel

David erbeutet in glücklichen Kriegen Gold, Silber und Erz und widmet solches für den Tempelbau. Seine Beamten und Priester.

1 Nach diesem schlug David die Philister und demütigte sie und nahm Gath und seine Ortschaften aus der Philister Hand.

2 Auch schlug er die Moabiter, daß die Moabiter David untertänig wurden und Geschenke brachten.

3 Er schlug auch Hadadeser, den König zu Zoba und Hamath, da er hinzog, sein Zeichen aufzurichten am Wasser Euphrat.

4 Und David gewann ihm ab tausend Wagen, siebentausend Reiter und zwanzigtausend Mann zu Fuß. Und David verlähmte alle Rosse der

Wagen und behielt hundert Wagen übrig.

5 Und die Syrer von Damaskus kamen, dem Hadadeser, dem König zu Zoba, zu helfen. Aber David schlug der Syrer zweiundzwanzigtausend Mann

6 und legte Volk in das Syrien von Damaskus, daß die Syrer David untertänig wurden und brachten ihm Geschenke. Denn der HERR half David, wo er hin zog.

7 Und David nahm die goldenen Schilde, die Hadadesers Knechte gehabt hatten, und brachte sie gen Jerusalem.

8 Auch nahm David aus den Städten Hadadesers, Tibehath und Chun, sehr viel Erz, davon Salomo das eherne Meer und die Säulen und eherne Gefäße machte.

9 Und da Thou, der König zu Hamath, hörte, daß David alle Macht Hadadesers, des Königs zu Zoba, geschlagen hatte,

10 sandte er seinen Sohn Hadoram zum König David und ließ ihn grüßen und segnen, daß er Hadadeser geschlagen hatte (denn Thou hatte einen Streit mit Hadadeser); und er hatte mit sich allerlei goldene, silberne und eherne Gefäße.

11 Auch diese heiligte der König David dem HERRN mit dem Silber und Gold, das er den Heiden genommen hatte: den Edomitern, Moabitern, Ammonitern, Philistern und Amalekitern.

12 Und Abisai, der Zeruja Sohn, schlug der Edomiter im Salztal achtzehntausend

13 und legte Volk in Edom, daß alle Edomiter David untertänig waren. Denn der HERR half David, wo er hin zog.

14 Also regierte David über das ganze Israel und handhabte Gericht und Gerechtigkeit allem seinem Volk.

15 Joab, der Zeruja Sohn, war über das Heer; Josaphat, der Sohn Ahiluds, war Kanzler;

16 Zadok, der Sohn Ahitobs, und Abimelech, der Sohn Abjathars, waren Priester; Sawsa war Schreiber;

17 Benaja, der Sohn Jojadas, war über die Krether und Plehter und die Söhne Davids waren die Ersten zur Hand des Königs.

19. Kapitel

*David rächt an den Ammonitern
die Beschimpfung seiner Gesandten.*

1 Und nach diesem starb Nahas, der König der Kinder Ammon, und sein Sohn ward König an seiner Statt.

2 Da gedachte David: Ich will Barmherzigkeit tun an Hanon, dem Sohn des Nahas; denn sein Vater hat an mir Barmherzigkeit getan. Und sandte Boten hin, ihn zu trösten über seinen Vater. Und da die Knechte Davids ins Land der Kinder Ammon kamen zu Hanon, ihn zu trösten,

3 sprachen die Fürsten der Kinder Ammon zu

Hanon: Meinst du, daß David deinen Vater ehre vor deinen Augen, daß er Tröster zu dir gesandt hat? Ja, seine Knechte sind gekommen zu dir, zu forschen und umzukehren und zu erkunden das Land.

4 Da nahm Hanon die Knechte Davids und schor sie und schnitt ihre Kleider halb ab bis an die Lenden und ließ sie gehen.

5 Und etliche gingen hin und sagten es David an von den Männern. Er aber sandte ihnen entgegen; denn die Männer waren sehr geschändet. Und der König sprach: Bleibet zu Jericho, bis euer Bart wachse; so kommt dann wieder.

6 Da aber die Kinder Ammon sahen, daß sie waren stinkend geworden vor David, sandten sie hin, beide Hanon und die Kinder Ammon, tausend Zentner Silber, Wagen und Reiter zu dingen aus Mesopotamien, aus dem Syrien von Maacha und aus Zoba.

7 Und dingten zweiunddreißigtausend Wagen und den König von Maacha mit seinem Volk; die kamen und lagerten sich vor Medeba. Und die Kinder Ammon sammelten sich aus ihren Städten und kamen zum Streit.

8 Da das David hörte, sandte er hin Joab mit dem ganzen Heer der Helden.

9 Die Kinder Ammon aber waren ausgezogen und rüsteten sich zum Streit vor der Stadt Tor. Die Könige aber, die gekommen waren, hielten im Felde besonders. [Die Könige aber, die

gekommen waren, standen für sich auf freiem Feld. (1)]

10 Da nun Joab sah, daß vor und hinter ihm Streit wider ihn war, erwählte er aus aller jungen Mannschaft in Israel und stellte sich gegen die Syrer.

11 Das übrige Volk aber tat er unter die Hand Abisais, seines Bruders, daß sie sich rüsteten wider die Kinder Ammon,

12 und sprach: Wenn mir die Syrer zu stark werden, so komm mir zu Hilfe; wo dir aber die Kinder Ammon zu stark werden, will ich dir helfen.

13 Sei getrost und laß uns getrost handeln für unser Volk und für die Städte unseres Gottes; der HERR tue, was ihm gefällt.

14 Und Joab machte sich herzu mit dem Volk, das bei ihm war, gegen die Syrer zu streiten; und sie flohen vor ihm.

15 Da aber die Kinder Ammon sahen, daß die Syrer flohen, flohen sie auch vor Abisai, seinem Bruder, und zogen in die Stadt. Joab aber kam gen Jerusalem.

16 Da aber die Syrer sahen, daß sie vor Israel geschlagen waren, sandten sie Boten hin und brachten heraus die Syrer jenseit des Stroms; und Sophach, der Feldhauptmann Hadadesers, zog vor ihnen her.

17 Da das David angesagt ward, sammelte er zuhauf das ganze Israel und zog über den Jordan; und da er an sie kam, rüstete er sich

wider sie. Und David rüstete sich gegen die Syrer zum Streit, und sie stritten mit ihm.

18 Aber die Syrer flohen vor Israel. Und David verderbte der Syrer siebentausend Wagen und vierzigtausend Mann zu Fuß; dazu tötete er Sophach, den Feldhauptmann.

19 Und da die Knechte Hadadesers sahen, daß sie vor Israel geschlagen waren, machten sie Frieden mit David und wurden seine Knechte. Und die Syrer wollten den Kindern Ammon nicht mehr helfen.

20. Kapitel

*Eroberung der ammonitischen Stadt Rabba.
Drei Siege über die Philister.*

1 Und da das Jahr um war, zur Zeit, wann die Könige ausziehen, führte Joab die Heermacht und verderbte der Kinder Ammon Land, kam und belagerte Rabba; David aber blieb zu Jerusalem. Und Joab schlug Rabba und zerbrach es.

2 Und David nahm die Krone seines Königs von seinem Haupt und fand daran einen Zentner Gold und Edelsteine; und sie ward David auf sein Haupt gesetzt. Auch führte er aus der Stadt sehr viel Raub.

3 Aber das Volk drinnen führte er heraus und zerteilte sie mit Sägen und eisernen

Dreschwagen und Keilen. Also tat David in allen Städten der Kinder Ammon. Und David zog samt dem Volk wider nach Jerusalem.

4 Darnach erhob sich ein Streit zu Geser mit den Philistern. Dazumal schlug Sibbechai, der Husathiter, den Sippai, der aus den Kindern der Riesen war, und sie wurden gedemütigt.

5 Und es erhob sich noch ein Streit mit den Philistern. Da schlug Elhanan, der Sohn Jairs, den Lahemi, den Bruder Goliaths, den Gathiter, welcher hatte eine Spießstange wie ein Weberbaum.

6 Abermals ward ein Streit zu Gath. Da war ein großer Mann, der hatte je sechs Finger und sechs Zehen, die machen zusammen vierundzwanzig; und er war auch von den Riesen geboren

7 und höhnte Israel. Aber Jonathan, der Sohn Simeas, des Bruders Davids, schlug ihn.

8 Diese waren geboren von den Riesen zu Gath und fielen durch die Hand Davids und seiner Knechte.

Das 1. Buch der Chonik

21. Kapitel

*Davids Volkszählung wird durch die Pest bestraft.
Sein Opfer auf der Tenne Omans (Aravnas).*

1 Und der Satan stand wider Israel und reizte David, daß er Israel zählen ließe.

2 Und David sprach zu Joab und zu des Volkes Obersten: Gehet hin, zählt Israel von Beer-Seba an bis gen Dan und bringt es zu mir, daß ich wisse, wieviel ihrer sind.

3 Joab sprach: Der HERR tue zu seinem Volk, wie sie jetzt sind, hundertmal soviel; aber, mein Herr König, sind sie nicht alle meines Herrn Knechte? Warum fragt denn mein Herr darnach? Warum soll eine Schuld auf Israel kommen?

4 Aber des Königs Wort stand fest wider Joab. Und Joab zog aus und wandelte durch das ganze Israel und kam gen Jerusalem

5 und gab die Zahl des gezählten Volks David. Und es waren des ganzen Israels elfhundertmal tausend Mann, die das Schwert auszogen, und Juda's vierhundertmal und siebzigtausend Mann, die das Schwert auszogen.

6 Levi aber und Benjamin zählte er nicht unter ihnen; denn es war dem Joab des Königs Wort ein Gräuel.

7 Aber solches gefiel Gott übel, und er schlug Israel.

8 Und David sprach zu Gott: Ich habe schwer gesündigt, daß ich das getan habe. Nun aber

nimm weg die Missetat deines Knechtes; denn ich habe sehr töricht getan.

9 Und der HERR redete mit Gad, dem Seher Davids, und sprach:

10 Gehe hin, rede mit David und sprich: So spricht der HERR: Dreierlei lege ich dir vor; erwähle dir eins, daß ich es dir tue.

11 Und da Gad zu David kam, sprach er zu ihm: So spricht der HERR: Erwähle dir

12 entweder drei Jahre Teuerung, oder drei Monate Flucht vor deinen Widersachern und vor dem Schwert deiner Feinde, daß dich's ergreife, oder drei Tage das Schwert des HERRN und Pestilenz im Lande, daß der Engel des HERRN verderbe in allen Grenzen Israels. So siehe nun zu, was ich antworten soll dem, der mich gesandt hat.

13 David sprach zu Gad: Mir ist sehr angst; doch ich will in die Hand des HERRN fallen, denn seine Barmherzigkeit ist sehr groß, und will nicht in Menschenhände fallen.

14 Da ließ der HERR Pestilenz in Israel kommen, daß siebzigtausend Mann fielen aus Israel.

15 Und Gott sandte den Engel gen Jerusalem, sie zu verderben. Und im Verderben sah der HERR darein und reute ihn das Übel, und er sprach zum Engel, dem Verderber: Es ist genug; laß deine Hand ab! Der Engel aber des HERRN stand bei der Tenne Ornans, des Jebusiters.

16 Und David hob seine Augen auf und sah den

Engel des HERRN stehen zwischen Himmel und Erde und sein bloßes Schwert in seiner Hand ausgereckt über Jerusalem. Da fielen David und die Ältesten, mit Säcken bedeckt, auf ihr Antlitz.

17 Und David sprach zu Gott: Bin ich's nicht, der das Volk zählen hieß? ich bin, der gesündigt und das Übel getan hat; diese Schafe aber, was haben sie getan? HERR, mein Gott, laß deine Hand wider mich und meines Vaters Haus, und nicht wider dein Volk sein, es zu plagen!

18 Und der Engel des HERRN sprach zu Gad, daß er David sollte sagen, daß David hinaufgehen und dem HERRN einen Altar aufrichten sollte in der Tenne Ornans, des Jebusiters.

19 Also ging David hinauf nach dem Wort Gads, das er geredet hatte in des HERRN Namen.

20 Ornan aber, da er sich wandte und sah den Engel, und seine vier Söhne mit ihm, versteckten sie sich; denn Ornan drosch Weizen.

21 Als nun David zu Ornan ging, sah Ornan und ward Davids gewahr und ging heraus aus der Tenne und fiel vor David nieder mit seinem Antlitz zur Erde.

22 Und David sprach zu Ornan: Gib mir den Platz der Tenne, daß ich einen Altar dem HERRN darauf baue; um volles Geld sollst du ihn mir geben, auf daß die Plage unter dem Volk aufhöre.

23 Ornan aber sprach zu David: Nimm dir und

mache, mein Herr König, wie dir's gefällt: siehe, ich gebe das Rind zum Brandopfer und das Geschirr zu Holz und Weizen zum Speisopfer; das alles gebe ich.

24 Aber der König David sprach zu Ornan: Nicht also, sondern um volles Geld will ich's kaufen; denn ich will nicht, was dein ist, nehmen für den HERRN und will's nicht umsonst haben zum Brandopfer.

25 Also gab David Ornan um den Platz Gold, am Gewicht sechshundert Lot.

26 Und David baute daselbst dem HERRN einen Altar und opferte Brandopfer und Dankopfer. Und da er den HERRN anrief, erhörte er ihn durch das Feuer vom Himmel auf den Altar des Brandopfers.

27 Und der HERR sprach zum Engel, daß er sein Schwert in seine Scheide kehrte.

28 Zur selben Zeit, da David sah, daß ihn der HERR erhört hatte auf der Tenne Ornans, des Jebusiters, pflegte er daselbst zu opfern.

29 Denn die Wohnung des HERRN, die Mose in der Wüste gemacht hatte, und der Brandopferaltar war zu der Zeit auf der Höhe zu Gibeon.

30 David aber konnte nicht hingehen vor denselben, Gott zu suchen, so war er erschrocken vor dem Schwert des Engels des HERRN.

Das 1. Buch der Chonik

22. Kapitel

David macht Anstalten zum künftigen Tempelbau und ermahnt seinen Sohn Salomo.

1 Und David sprach: Hier soll das Haus Gottes des HERRN sein und dies ist der Altar zum Brandopfer Israels.

2 Und David ließ versammeln die Fremdlinge, die im Lande Israel waren, und bestellte Steinmetzen, Steine zu hauen, das Haus Gottes zu bauen.

3 Und David bereitet viel Eisen zu Nägeln an die Türen in den Toren und zu Klammern und so viel Erz, daß es nicht zu wägen war,

4 Auch Zedernholz ohne Zahl; denn die von Sidon und Tyrus brachten viel Zedernholz zu David.

5 Denn David gedachte: Mein Sohn Salomo ist jung und zart; das Haus aber, das dem HERRN soll gebaut werden, soll groß sein, daß sein Name und Ruhm erhoben werde in allen Landen; darum will ich Vorrat schaffen. Also schaffte David viel Vorrat vor seinem Tode.

6 Und er rief seinem Sohn Salomo und gebot ihm, zu bauen das Haus des HERRN, des Gottes Israels,

7 und sprach zu ihm: Mein Sohn, ich hatte es im Sinn, dem Namen des HERRN, meines Gottes, ein Haus zu bauen.

8 Aber das Wort des HERRN kam zu mir und

sprach: Du hast viel Blut vergossen und große Kriege geführt; darum sollst du meinem Namen nicht ein Haus bauen, weil du so viel Blutes auf die Erde vergossen hast vor mir.

9 Siehe, der Sohn, der dir geboren soll werden, der wird ein Mann der Ruhe sein; denn ich will ihn ruhen lassen von all seinen Feinden umher; denn er soll Salomo heißen; denn ich will Frieden und Ruhe geben über Israel sein Leben lang.

10 Der soll meinem Namen ein Haus bauen. Er soll mein Sohn sein, und ich will sein Vater sein. Und ich will seinen königlichen Stuhl über Israel bestätigen ewiglich.

11 So wird nun, mein Sohn, der HERR mit dir sein und es wird dir gelingen, daß du dem HERRN, deinem Gott, ein Haus bauest, wie er von dir geredet hat.

12 Auch wird der HERR dir geben Klugheit und Verstand und wird dir Israel befehlen, daß du haltest das Gesetz des HERRN, deines Gottes.

13 Dann aber wirst du Glück haben, wenn du dich hältst, daß du tust nach den Geboten und Rechten, die der HERR dem Mose geboten hat an Israel. Sei getrost und unverzagt, fürchte dich nicht und zage nicht!

14 Siehe ich habe in meiner Mühsal geschafft zum Hause des HERRN hunderttausend Zentner Gold und tausendmal tausend Zentner Silber, dazu Erz und Eisen ohne Zahl; denn es ist zu viel. Auch Holz und Steine habe ich zugerichtet;

des magst du noch mehr machen.

15 So hast du viel Arbeiter, Steinmetzen und Zimmerleute an Stein und Holz, und allerlei Meister in allerlei Arbeit,

16 an Gold, Silber, Erz und Eisen ohne Zahl. So mache dich auf und richte es aus; der HERR wird mit dir sein!

17 Und David gebot allen Obersten Israels, daß sie seinem Sohn Salomo hülfen.

18 "Ist nicht der HERR, euer Gott, mit euch und hat euch Ruhe gegeben umher? Denn er hat die Einwohner des Landes in meine Hand gegeben, und das Land ist unterworfen dem HERRN und seinem Volk.

19 So richtet nun euer Herz und eure Seele, den HERRN, euren Gott, zu suchen. Und macht euch auf und bauet Gott dem HERRN ein Heiligtum, daß man die Lade des Bundes des HERRN und die heiligen Gefäße Gottes in das Haus bringe, das dem Namen des HERRN gebaut soll werden."

23. Kapitel

Der Leviten Zahl, Ordnung und Amt.

1 Also machte David seinen Sohn Salomo zum König über Israel, da er alt und des Lebens satt war.

2 Und David versammelte alle Obersten in

Israel und die Priester und Leviten.

3 Und man zählte die Leviten von dreißig Jahren und darüber; und ihre Zahl war von Haupt zu Haupt, was Männer waren, achtunddreißigtausend.

4 "Aus diesen sollen vierundzwanzigtausend dem Werk am Hause des HERRN vorstehen und sechstausend Amtleute und Richter sein

5 und viertausend Torhüter und viertausend Lobsänger des HERRN mit Saitenspielen, die ich gemacht habe, Lob zu singen."

6 Und David machte Ordnungen unter den Kindern Levi, nämlich unter Gerson, Kahath und Merari.

7 Die Gersoniter waren: Laedan und Simei.

8 Die Kinder Laedans: der erste, Jehiel, Setham und Joel, die drei.

9 Die Kinder Simeis waren: Salomith, Hasiel und Haran, die drei. Diese waren die Häupter der Vaterhäuser von Laedan.

10 Und diese waren Simeis Kinder: Jahath, Sina, Jeus und Beria. Diese vier waren Simeis Kinder.

11 Jahath aber war der erste, Sina der andere. Aber Jeus und Beria hatten nicht Kinder; darum wurden sie für ein Vaterhaus gerechnet.

12 Die Kinder Kahaths waren: Amram, Jizhar, Hebron und Usiel, die vier.

13 Die Kinder Amrams waren: Aaron und Mose. Aaron aber ward abgesondert, daß er geheiligt würde zum Hochheiligen, er und seine Söhne ewiglich, zu räuchern vor dem HERRN und zu

dienen und zu segnen in dem Namen des HERRN ewiglich.

14 Und Mose's, des Mannes Gottes, Kinder wurden genannt unter der Leviten Stamm.

15 Die Kinder aber Mose's waren: Gersom und Elieser.

16 Die Kinder Gersoms: der erste war Sebuel.

17 Die Kinder Eliesers: der erste war Rehabja. Und Elieser hatte keine andern Kinder; aber der Kinder Ehabjas waren überaus viele.

18 Die Kinder Jizhars waren: Salomith, der erste.

19 Die Kinder Hebrons waren: Jeria, der erste; Amarja, der zweite; Jahasiel, der dritte; und Jakmeam, der vierte.

20 Die Kinder Usiels waren, Micha, der erste, und Jissia, der andere.

21 Die Kinder Meraris waren: Maheli und Musi. Die Kinder Mahelis waren: Eleasar und Kis.

22 Eleasar aber starb und hatte keine Söhne, sondern Töchter; und die Kinder des Kis, ihre Brüder, nahmen sie.

23 Die Kinder Musis waren: Maheli, Eder und Jeremoth, die drei.

24 Das sind die Kinder Levi nach ihren Vaterhäusern, nämlich die Häupter der Vaterhäuser, die gerechnet wurden nach der Namen Zahl von Haupt zu Haupt, welche taten das Geschäft des Amts im Hause des HERRN, von zwanzig Jahren und darüber.

25 Denn David sprach: Der HERR, der Gott

Israels, hat seinem Volk Ruhe gegeben und wird zu Jerusalem wohnen ewiglich.

26 So wurden auch die Kinder Levi gezählt von zwanzig Jahren und darüber, da sie ja die Wohnung nicht mehr zu tragen hatten mit all ihrem Geräte ihres Amts,

27 sondern nach den letzten Worten Davids,

28 daß sie stehen sollten unter der Hand der Kinder Aaron, zu dienen im Hause des HERRN in den Vorhöfen und Kammern und zur Reinigung von allerlei Heiligem und zu allem Werk des Amts im Hause Gottes

29 und zum Schaubrot, zum Semmelmehl für das Speisopfer, zu den ungesäuerten Fladen, zur Pfanne, zum Rösten und zu allem Gewicht und Maß

30 und zu stehen des Morgens, zu danken und zu loben den HERRN, und des Abends auch also,

31 und alle Brandopfer dem HERRN zu opfern auf die Sabbate, Neumonde und Feste, nach der Zahl und Gebühr allewege vor dem HERRN,

32 daß sie des Dienstes an der Hütte des Stifts warteten und des Heiligtums und der Kinder Aaron, ihrer Brüder, zu dienen im Hause des HERRN.

Das 1. Buch der Chonik

24. Kapitel

*Die Häupter der vierundzwanzig
Priesterordnungen und der Leviten.*

1 Aber dies waren die Ordnungen der Kinder Aaron. Die Kinder Aarons waren: Nadab, Abihu, Eleasar und Ithamar.
2 Aber Nadab und Abihu starben vor ihrem Vater und hatten keine Kinder. Und Eleasar und Ithamar wurden Priester.
3 Und es ordneten sie David und Zadok aus den Kinder Eleasars und Ahimelech aus den Kindern Ithamars nach ihrer Zahl und ihrem Amt.
4 Und wurden der Kinder Eleasars mehr gefunden an Häuptern der Männer denn der Kinder Ithamars. Und er ordnete sie also: sechzehn aus den Kindern Eleasars zu Obersten ihrer Vaterhäuser und acht aus den Kindern Ithamars nach ihren Vaterhäusern.
5 Er ordnete sie aber durchs Los, darum daß beide aus Eleasars und Ithamars Kindern Oberste waren im Heiligtum und Oberste vor Gott.
6 Und der Schreiber Semaja, der Sohn Nathanaels, aus den Leviten, schrieb sie auf vor dem König und vor den Obersten und vor Zadok, dem Priester, und vor Ahimelech, dem Sohn Abjathars, und vor den Obersten der Vaterhäuser unter den Priestern und Leviten, nämlich je ein Vaterhaus für Eleasar und das

andere für Ithamar.

7 Das erste Los fiel auf Jojarib, das zweite auf Jedaja,

8 das dritte auf Harim, das vierte auf Seorim,

9 das fünfte auf Malchia, das sechste auf Mijamin,

10 das siebente auf Hakkoz, das achte auf Abia,

11 das neunte auf Jesua, das zehnte auf Sechanja,

12 das elfte auf Eljasib, das zwölfte auf Jakim,

13 das dreizehnte auf Huppa, das vierzehnte auf Jesebeab,

14 das fünfzehnte auf Bilga, das sechzehnte auf Immer,

15 das siebzehnte auf Hefir, das achtzehnte auf Hapizzez,

16 das neunzehnte auf Pethaja, das zwanzigste auf Jeheskel,

17 das einundzwanzigste auf Jachin, das zweiundzwanzigste auf Gamul,

18 das dreiundzwanzigste auf Delaja, das vierundzwanzigste auf Maasja.

19 Das ist die Ordnung nach ihrem Amt, zu gehen in das Haus des HERRN nach ihrer Weise unter ihrem Vater Aaron, wie ihm der HERR, der Gott Israels, geboten hat.

20 Aber unter den andern Kindern Levi war unter den Kindern Amrams Subael. Unter den Kindern Subaels war Jehdeja.

21 Unter den Kindern Rehabjas war der erste: Jissia.

Das 1. Buch der Chonik

22 Aber unter den Jizharitern war Selomoth. Unter den Kindern Selomoths war Jahath.

23 Die Kinder Hebrons waren: Jeria, der erste; Amarja, der zweite; Jahasiel, der dritte; Jakmeam, der vierte.

24 Die Kinder Usiels waren: Micha. Unter den Kindern Michas war Samir.

25 Der Bruder Michas war: Jissia. Unter den Kindern Jissias war Sacharja.

26 Die Kinder Meraris waren: Maheli und Musi, die Kinder Jaesias, seines Sohnes.

27 Die Kinder Meraris von Jaesia, seinem Sohn, waren: Soham, Sakkur und Ibri.

28 Maheli aber hatte Eleasar, der hatte keine Söhne.

29 Von Kis: unter den Kindern des Kis war: Jerahmeel.

30 Die Kinder Musis waren: Maheli, Eder und Jeremoth. Das sind die Kinder der Leviten nach ihren Vaterhäusern.

31 Und man warf für sie auch das Los neben ihren Brüdern, den Kindern Aaron, vor dem König David und Zadok und Ahimelech und vor den Obersten der Vaterhäuser unter den Priestern und Leviten, für den jüngsten Bruder ebensowohl als für den Obersten in den Vaterhäusern.

Das 1. Buch der Chronik

25. Kapitel

Vierundzwanzig Ordnungen der heiligen Sänger.

1 Und David samt den Feldhauptleuten sonderten ab zu Ämtern die Kinder Asaphs, Hemans und Jedithuns, die Propheten mit Harfen, Psaltern und Zimbeln; und sie wurden gezählt zum Werk nach ihrem Amt.

2 Unter den Kindern Asaphs waren: Sakkur, Joseph, Nethanja, Asarela, Kinder Asaph, unter Asaph der da weissagte bei dem König.

3 Von Jedithun: die Kinder Jedithuns waren: Gedalja, Sori, Jesaja, Hasabja, Matthithja, Simei, die sechs, unter ihrem Vater Jedithun, mit Harfen, der da weissagte, zu danken und zu loben den HERRN.

4 Von Heman: die Kinder Hemans waren: Bukkia, Matthanja, Usiel, Sebuel, Jerimoth, Hananja, Hanani, Eliatha, Giddalthi, Romamthi-Eser, Josbekasa, Mallothi, Hothir und Mahesioth.

5 Diese waren alle Kinder Hemans, des Sehers des Königs in den Worten Gottes, das Horn zu erheben; denn Gott hatte Heman vierzehn Söhne und drei Töchter gegeben.

6 Diese waren alle unter ihren Vätern Asaph, Jedithun und Heman, zu singen im Hause des HERRN mit Zimbeln, Psaltern und Harfen, nach dem Amt im Hause Gottes bei dem König.

7 Und es war ihre Zahl samt ihren Brüdern, die im Gesang des HERRN gelehrt waren, allesamt

Meister, zweihundertachtundachtzig.

8 Und sie warfen das Los über ihre Ämter zugleich, dem Jüngeren wie dem Älteren, dem Lehrer wie dem Schüler.

9 Und das erste Los fiel unter Asaph auf Joseph. Das zweite auf Gedalja samt seinen Brüdern und Söhnen; derer waren zwölf.

10 Das dritte auf Sakkur samt seine Söhnen und Brüdern; derer waren zwölf.

11 Das vierte auf Jizri samt seinen Söhnen und Brüdern; derer waren zwölf.

12 Das fünfte auf Nethanja samt seinen Söhnen und Brüdern; derer waren zwölf.

13 Das sechste auf Bukkia samt seinen Söhnen und Brüdern; derer waren zwölf.

14 Das siebente auf Jesarela samt seinen Söhnen und Brüdern; derer waren zwölf.

15 Das achte auf Jesaja samt seinen Söhnen und Brüdern; derer waren zwölf.

16 Das neunte auf Matthanja samt seinen Söhnen und Brüdern; derer waren zwölf.

17 Das zehnte auf Simei samt seinen Söhnen und Brüdern; derer waren zwölf.

18 Das elfte auf Asareel samt seinen Söhnen und Brüdern; derer waren zwölf.

19 Das zwölfte auf Hasabja samt seinen Söhnen und Brüdern; derer waren zwölf.

20 Das dreizehnte auf Subael samt seinen Söhnen und Brüdern; derer waren zwölf.

21 Das vierzehnte auf Matthithja samt seinen Söhnen und Brüdern; derer waren zwölf.

22 Das fünfzehnte auf Jeremoth samt seinen Söhnen und Brüdern; derer waren zwölf.

23 Das sechzehnte auf Hanaja samt seinen Söhnen und Brüdern; derer waren zwölf.

24 Das siebzehnte auf Josbekasa samt seinen Söhnen und Brüdern; derer waren zwölf.

25 Das achtzehnte auf Hanani samt seinen Söhnen und Brüdern; derer waren zwölf.

26 Das neunzehnte auf Mallothi samt seinen Söhnen und Brüdern; derer waren zwölf.

27 Das zwanzigste auf Eliatha samt seinen Söhnen und Brüdern; derer waren zwölf.

28 Das einundzwanzigste auf Hothir samt seinen Söhnen und Brüdern; derer waren zwölf.

29 Das zweiundzwanzigste auf Giddalthi samt seinen Söhnen und Brüdern; derer waren zwölf.

30 Das dreiundzwanzigste auf Mahesioth samt seinen Söhnen und Brüdern; derer waren zwölf.

31 Das vierundzwanzigste auf Romamthi-Eser samt seinen Söhnen und Brüdern; derer waren zwölf.

26. Kapitel

Bestellung der Torhüter, Schatzmeister und Richter.

1 Von den Ordnungen der Torhüter. Unter den Korahitern war Meselemja, der Sohn Kores, aus den Kindern Asaph.

2 Die Kinder Meselemjas waren diese: der

Erstgeborene: Sacharja, der zweite: Jediael, der dritte: Sebadja, der vierte: Jathniel,

3 der fünfte: Elam, der sechste: Johanan, der siebente: Eljoenai.

4 Die Kinder aber Obed-Edoms waren diese: der Erstgeborene: Semaja, der zweite: Josabad, der dritte: Joah, der vierte: Sachar, der fünfte: Nathanael,

5 der sechste: Ammiel, der siebente: Isaschar, der achte: Pegulthai; denn Gott hatte ihn gesegnet.

6 Und seinem Sohn Semaja wurden auch Söhne geboren, die im Hause ihres Vaters herrschten; denn es waren tüchtige Leute.

7 So waren nun die Kinder Semajas: Othni, Rephael, Obed und Elsabad, dessen Brüder tüchtige Leute waren, Elihu und Samachja.

8 Diese waren alle aus den Kindern Obed Edoms; sie samt ihren Kindern und Brüdern, tüchtige Leute, geschickt zu Ämtern, waren zweiundsechzig von Obed-Edom.

9 Meselemja hatte Kinder und Brüder, tüchtige Männer, achtzehn.

10 Hosa aber aus den Kindern Meraris hatte Kinder: den Vornehmsten: Simri (denn der Erstgeborene war er nicht, aber sein Vater setzte ihn zum Vornehmsten),

11 den zweiten: Hilkia, den dritten: Tebalja, den vierten: Sacharja. Aller Kinder und Brüder Hosas waren dreizehn.

12 Dies sind die Ordnungen der Torhüter nach

den Häuptern der Männer im Amt neben ihren Brüdern, zu dienen im Hause des HERRN.

13 Und das Los ward geworfen, dem Jüngeren wie dem Älteren, unter ihren Vaterhäusern zu einem jeglichen Tor.

14 Das Los gegen Morgen fiel auf Meselemja; aber sein Sohn war Sacharja, der ein kluger Rat war, warf man auch das Los, und es fiel ihm gegen Mitternacht,

15 Obed-Edom aber gegen Mittag und seinen Söhnen bei dem Vorratshause,

16 und Suppim und Hosa gegen Abend bei dem Tor Salecheth, da man die Straße hinaufgeht, da eine Hut neben der andern steht.

17 Gegen Morgen waren der Leviten sechs, gegen Mitternacht des Tages vier, gegen Mittag des Tages vier, bei dem Vorratshause aber je zwei und zwei,

18 am Parbar aber gegen Abend vier an der Straße und zwei am Parbar.

19 Dies sind die Ordnungen der Torhüter unter den Kindern der Korahiter und den Kindern Merari.

20 Von den Leviten aber war Ahia über die Schätze des Hauses Gottes und über die Schätze, die geheiligt wurden.

21 Von den Kindern Laedan, den Kindern des Gersoniten Laedan, waren Häupter der Vaterhäuser die Jehieliten.

22 Die Kinder der Jehieliten waren: Setham und sein Bruder Joel über die Schätze des Hauses

des HERRN.

23 Unter den Amramiten, Jizhariten, Hebroniten und Usieliten

24 war Sebuel, der Sohn Gersoms, des Sohnes Mose's, Fürst über die Schätze.

25 Aber sein Bruder Elieser hatte einen Sohn, Rehabja; des Sohn war Jesaja; des Sohn war Joram; des Sohn war Sichri; des Sohn war Selomith.

26 Derselbe Selomith und seine Brüder waren über alle Schätze des Geheiligten, welches geheiligt hatte der König David und die Häupter der Vaterhäuser, die Obersten über tausend und über hundert und die Obersten im Heer.

27 (Von Krieg und Raub hatten sie es geheiligt, zu bessern das Haus des HERRN.)

28 Auch alles, was Samuel, der Seher, und Saul, der Sohn des Kis, und Abner, der Sohn des Ners, und Joab, der Zeruja Sohn, geheiligt hatten, alles Geheiligte war unter der Hand Selomiths und seiner Brüder.

29 Unter den Jizhariten waren Chenanja und seine Söhne zum Werk draußen über Israel Amtleute und Richter.

30 Unter den Hebroniten aber waren Hasabja und seine Brüder, tüchtige Leute, tausend und siebenhundert, über die Ämter Israels diesseits des Jordans gegen Abend, zu allerlei Geschäft des HERRN und zu dienen dem König.

31 Unter den Hebroniten war Jeria, der Vornehmste unter den Hebroniten seines

Geschlechts unter den Vaterhäusern (es wurden aber unter ihnen gesucht und gefunden im vierzigsten Jahr des Königreiches Davids tüchtige Männer zu Jaser in Gilead),

32 und seine Brüder, tüchtige Männer, zweitausend und siebenhundert Oberste der Vaterhäuser. Und David setzte sie über die Rubeniter, Gaditer und den halben Stamm Manasse zu allen Händeln Gottes und des Königs. [denen übertrug der König David die Verwaltung der Stämme Ruben, Gad und halb Manasse für alle Angelegenheiten Gottes und für die Angelegenheiten des Königs. (2)]

27. Kapitel

Anführer von zwölf Ordnungen des Heeres, Stammesfürsten Hofdiener und Beamte Davids.

1 Dies sind aber die Kinder Israel nach ihrer Zahl, die Häupter der Vaterhäuser und die Obersten über tausend und über hundert, und ihre Amtleute, die dem König dienten, nach ihren Ordnungen, die ab und zu zogen, einen jeglichen Monat eine, in allen Monaten des Jahres. Eine jegliche Ordnung aber hatte vierundzwanzigtausend.

2 Über die erste Ordnung des ersten Monats war Jasobeam, der Sohn Sabdiels; und unter seiner Ordnung waren vierundzwanzigtausend.

3 Er war aus den Kinder Perez und war der Oberste über alle Hauptleute der Heere im ersten Monat.

4 Über die Ordnung des zweiten Monats war Dodai, der Ahohiter, und Mikloth war Fürst über seine Ordnung; und unter seiner Ordnung waren vierundzwanzigtausend.

5 Der dritte Feldhauptmann des dritten Monats, der Oberste, war Benaja, der Sohn Jojadas, des Priesters: und unter seiner Ordnung waren vierundzwanzigtausend.

6 Das ist Benaja, der Held unter den dreißigen und über die dreißig; und seine Ordnung war unter seinem Sohn Ammisabad.

7 Der vierte im vierten Monat war Asahel, Joabs Bruder, und nach ihm Sebadja, sein Sohn; und unter seiner Ordnung waren vierundzwanzigtausend.

8 Der fünfte im fünften Monat war Samehuth, der Jishariter; und unter seine Ordnung waren vierundzwanzigtausend.

9 Der sechste im sechsten Monat war Ira, der Sohn des Ikkes, der Thekoiter; und unter seiner Ordnung waren vierundzwanzigtausend.

10 Der siebente im siebenten Monat war Helez, der Peloniter, aus den Kindern Ephraim; und unter seiner Ordnung waren vierundzwanzigtausend.

11 Der achte im achten Monat war Sibbechai, der Husathiter, aus den Serahitern; und unter seiner Ordnung waren vierundzwanzigtausend.

12 Der neunte im neunten Monat war Abieser, der Anathothiter, aus den Benjaminitern; und unter seiner Ordnung waren vierundzwanzigtausend.

13 Der zehnte im zehnten Monat war Maherai, der Netophathiter, aus den Serahitern; und unter seiner Ordnung waren vierundzwanzigtausend.

14 Der elfte im elften Monat war Benaja der Pirathoniter, aus den Kindern Ephraim; und unter seiner Ordnung waren vierundzwanzigtausend.

15 Der zwölfte im zwölften Monat war Heldai, der Netophathiter, aus Othniel; und unter seiner Ordnung waren vierundzwanzigtausend.

16 Über die Stämme Israels aber waren diese: unter den Rubenitern war Fürst: Elieser, der Sohn Sichris; unter den Simeonitern war Sephatja, der Sohn Maachas;

17 unter den Leviten war Hasabja, der Sohn Kemuels; unter den Aaroniten war Zadok;

18 unter Juda war Elihu aus den Brüdern Davids; unter Isaschar war Omri, der Sohn Michaels;

19 unter Sebulon war Jismaja, der Sohn Obadjas; unter Naphthali war Jeremoth, der Sohn Asriels;

20 unter den Kindern Ephraim war Hosea, der Sohn Asasjas; unter dem halben Stamm Manasse war Joel, der Sohn Pedajas;

21 unter dem halben Stamm Manasse in Gilead war Iddo, der Sohn Sacharjas; unter Benjamin war Jaesiel, der Sohn Abners;

22 unter Dan war Asareel, der Sohn Jerohams. Das sind die Fürsten der Stämme Israels.

23 Aber David nahm nicht die Zahl derer, die von zwanzig Jahren und darunter waren; denn der HERR hatte verheißen, Israel zu mehren wie die Sterne am Himmel.

24 Joab aber, der Zeruja Sohn, der hatte angefangen zu zählen, und vollendete es nicht; denn es kam darum ein Zorn über Israel. Darum kam die Zahl nicht in die Chronik des Königs David.

25 Über den Schatz des Königs war Asmaveth, der Sohn Abdiels; und über die Schätze auf dem Lande in Städten, Dörfern und Türmen war Jonathan, der Sohn Usias.

26 Über die Ackerleute, das Land zu bauen, war Esri, der Sohn Chelubs.

27 Über die Weinberge war Simei, der Ramathiter; über die Weinkeller und Schätze des Weins war Sabdi, der Sephamiter.

28 Über die Ölgärten und Maulbeerbäume in den Auen war Baal-Hanan, der Gaderiter. Über den Ölschatz war Joas.

29 Über die Weiderinder zu Saron war Sitrai, der Saroniter; aber über die Rinder in den Gründen war Saphat, der Sohn Adlais.

30 Über die Kamele war Obil, der Ismaeliter. Über die Esel war Jehdeja, der Meronothiter.

31 Über die Schafe war Jasis, der Hagariter. Diese waren alle Oberste über die Güter des Königs David.

32 Jonathan aber, Davids Vetter, war Rat, ein verständiger und gelehrter Mann. Und Jehiel, der Sohn Hachmonis, war bei den Söhnen des Königs.

33 Ahithophel war auch Rat des Königs. Husai, der Arachiter, war des Königs Freund.

34 Nach Ahithophel war Jojada, der Sohn Benajas, und Abjathar. Joab aber war der Feldhauptmann des Königs.

28. Kapitel

*David stellt dem Volk
Salomo als seinen Nachfolger vor
und gibt ihm ein Vorbild und Vorräte zum Tempel.*

1 Und David versammelte gen Jerusalem alle Obersten Israels, nämlich die Fürsten der Stämme, die Fürsten der Ordnungen, die dem König dienten, die Fürsten über tausend und über hundert, die Fürsten über die Güter und das Vieh des Königs und seiner Söhne mit den Kämmerern, die Kriegsmänner und alle ansehnlichen Männer.

2 Und David, der König, stand auf und sprach: Höret mir zu, meine Brüder und mein Volk! Ich hatte mir vorgenommen, ein Haus zu bauen, da ruhen sollte die Lade des Bundes des HERRN und der Schemel seiner Füße unsres Gottes, und hatte mich geschickt, zu bauen.

3 Aber Gott ließ mir sagen: Du sollst meinem Namen kein Haus bauen; denn du bist ein Kriegsmann und hast Blut vergossen.

4 Nun hat der HERR, der Gott Israel, mich erwählt aus meines Vaters ganzem Hause, daß ich König über Israel sein sollte ewiglich. Denn er hat Juda erwählt zum Fürstentum, und im Hause Juda meines Vaters Haus, und unter meines Vaters Kindern hat er Gefallen gehabt an mir, daß er mich über ganz Israel zum König machte.

5 Und unter allen seinen Söhnen (denn der HERR hat mir viele Söhne gegeben) hat er meinen Sohn Salomo erwählt, daß er sitzen soll auf dem Stuhl des Königreichs des Herrn über Israel,

6 und hat zu mir geredet: Dein Sohn Salomo soll mein Haus und meine Vorhöfe bauen; denn ich habe ihn erwählt zum Sohn, und ich will sein Vater sein

7 und will sein Königreich bestätigen ewiglich, so er wird anhalten, daß er tue nach meinen Geboten und Rechten, wie es heute steht.

8 Nun vor dem ganzen Israel, der Gemeinde des HERRN, und vor den Ohren unseres Gottes: So haltet und sucht alle die Gebote des HERRN, eures Gottes, auf daß ihr besitzet das gute Land und es vererbt auf eure Kinder nach euch ewiglich.

9 Und du, mein Sohn Salomo, erkenne den Gott deines Vaters und diene ihm mit ganzem

Herzen und mit williger Seele. Denn der HERR sucht alle Herzen und versteht aller Gedanken Dichten. Wirst du ihn suchen, so wirst du ihn finden; wirst du ihn aber verlassen, so wird er dich verwerfen ewiglich.

10 So siehe nun zu; denn der HERR hat dich erwählt, daß du sein Haus baust zum Heiligtum. Sei getrost und mache es!

11 Und David gab seinem Sohn Salomo ein Vorbild der Halle des Tempels und seiner Häuser und der Gemächer und Söller und Kammern inwendig und des Hauses Gnadenstuhls,

12 dazu Vorbilder alles dessen, was bei ihm in seinem Gemüt war, nämlich die Vorhöfe am Hause des HERRN und aller Gemächer umher für die Schätze im Hause Gottes und für die Schätze des Geheiligten,

13 und der Ordnungen der Priester und Leviten, und aller Geschäfte und Geräte der Ämter im Hause des HERRN,

14 und des goldenen Zeuges nach dem Goldgewicht zu allerlei Geräte eines jeglichen Amts, und alles silbernen Zeuges nach dem Gewicht zu allerlei Geräte eines jeglichen Amts,

15 und das Gewicht für den goldenen Leuchter und die goldenen Lampen, für jeglichen Leuchter und seine Lampen sein Gewicht, also auch für die silbernen Leuchter, für den Leuchter und seine Lampen, nach dem Amt eines jeglichen Leuchters;

16 auch gab er das Gewicht des Goldes für die Tische der Schaubrote, für jeglichen Tisch sein Gewicht, also auch des Silbers für die silbernen Tische,

17 und für die Gabeln, Becken und Kannen von lauterem Golde und für die goldenen Becher, für jeglichen Becher sein Gewicht, und für die silbernen Becher, für jeglichen Becher sein Gewicht,

18 und für den Räucheraltar vom allerlautersten Golde sein Gewicht, auch ein Vorbild des Wagens, nämlich der goldenen Cherubim, daß sie sich ausbreiteten und bedeckten oben die Lade des Bundes des HERRN.

19 "Das alles ist mir beschrieben gegeben von der Hand des HERRN, daß es mich unterwiese über alle Werke des Vorbildes."

20 Und David sprach zu seinem Sohn Salomo: Sei getrost und unverzagt und mache es; fürchte dich nicht und zage nicht! Gott der HERR, mein Gott, wird mit dir sein und wird dic Hand nicht abziehen noch dich verlassen, bis du alle Werke zum Amt im Hause des HERRN vollendest.

21 Siehe da, die Ordnungen der Priester und Leviten zu allen Ämtern im Hause Gottes sind mit dir zu allem Geschäft und sind willig und weise zu allen Ämtern, dazu die Fürsten und alles Volk zu allen deinen Händeln.

Das 1. Buch der Chronik

29. Kapitel

Reiche Beistreuer zum Tempelbau.
Davids Dankgebet. Salomos Salbung. Davids Tod.

1 Und der König David sprach zu der ganzen Gemeinde: Gott hat Salomo, meiner Söhne einen, erwählt, der noch jung und zart ist; das Werk aber ist groß; denn es ist nicht eines Menschen Wohnung, sondern Gottes des HERRN.

2 Ich aber habe aus allen meinen Kräften zugerichtet zum Hause Gottes Gold zu goldenem, Silber zu silbernem, Erz zu erhernem, Eisen zu eisernem, Holz zu hölzernem Geräte, Onyxsteine und eingefaßte Steine, Rubine und bunte Steine und allerlei Edelsteine und Marmelsteine die Menge.

3 Überdas, aus Wohlgefallen am Hause meines Gottes, habe ich eigenes Gutes, Gold und Silber,

4 dreitausend Zentner Gold von Ophir und siebentausend Zentner lauteres Silber, das gebe ich zum heiligen Hause Gottes außer allem, was ich zugerichtet habe, die Wände der Häuser zu überziehen,

5 daß golden werde, was golden, silbern, was silbern sein soll, und zu allerlei Werk durch die Hand der Werkmeister. Und wer ist nun willig, seine Hand heute dem HERRN zu füllen?

6 Da waren die Fürsten der Vaterhäuser, die Fürsten der Stämme Israels, die Fürsten über

tausend und über hundert und die Fürsten über des Königs Geschäfte willig

7 und gaben zum Amt im Hause Gottes fünftausend Zentner Gold und zehntausend Goldgulden und zehntausend Zentner Silber, achtzehntausend Zentner Erz und hunderttausend Zentner Eisen.

8 Und bei welchem Steine gefunden wurden, die gaben sie zum Schatz des Hauses des HERRN unter die Hand Jehiels, des Gersoniten.

9 Und das Volk ward fröhlich, daß sie willig waren; denn sie gaben's von ganzem Herzen dem HERRN freiwillig. Und David, der König, freute sich auch hoch

10 und lobte den HERRN und sprach vor der ganzen Gemeinde: Gelobt seist du, HERR, Gott Israels, unsers Vaters, ewiglich.

11 Dir, HERR, gebührt die Majestät und Gewalt, Herrlichkeit, Sieg und Dank. Denn alles, was im Himmel und auf Erden ist, das ist dein. Dein, HERR, ist das Reich, und du bist erhöht über alles zum Obersten.

12 Reichtum und Ehre ist vor dir; du herrschest über alles; in deiner Hand steht Kraft und Macht; in deiner Hand steht es, jedermann groß und stark zu machen.

13 Nun, unser Gott, wir danken dir und rühmen den Namen deiner Herrlichkeit.

14 Denn was bin ich? Was ist mein Volk, daß wir sollten vermögen, freiwillig so viel zu geben? Denn von dir ist alles gekommen, und von

deiner Hand haben wir dir's gegeben.

15 Denn wir sind Fremdlinge und Gäste vor dir wie unsre Väter alle. Unser Leben auf Erden ist wie ein Schatten, und ist kein Aufhalten.

16 HERR, unser Gott, aller dieser Haufe, den wir zugerichtet haben, dir ein Haus zu bauen, deinem heiligen Namen, ist von deiner Hand gekommen, und ist alles dein.

17 Ich weiß, mein Gott, daß du das Herz prüfst, und Aufrichtigkeit ist dir angenehm. Darum habe ich dies alles aus aufrichtigem Herzen freiwillig gegeben und habe jetzt mit Freuden gesehen dein Volk, das hier vorhanden ist, daß es dir freiwillig gegeben hat.

18 HERR, Gott unsrer Väter, Abrahams, Isaaks und Israels, bewahre ewiglich solchen Sinn und Gedanken im Herzen deines Volkes und richte ihre Herzen zu dir.

19 Und meinem Sohn Salomo gib ein rechtschaffenes Herz, daß er halte deine Gebote, Zeugnisse und Rechte, daß er alles tue und baue diese Wohnung, die ich zugerichtet habe.

20 Und David sprach zu der ganzen Gemeinde: Lobet den HERRN, euren Gott! Und die ganze Gemeinde lobte den HERRN, den Gott ihrer Väter; und sie neigten sich und fielen nieder vor dem HERRN und vor dem König

21 und opferten dem HERRN Opfer. Und des Morgens opferten sie Brandopfer: tausend Farren, tausend Widder, tausend Lämmer mit

ihren Trankopfern, und opferten die Menge unter dem ganzen Israel

22 und aßen und tranken desselben Tages vor dem HERRN mit großen Freuden und machten zum zweitenmal Salomo, den Sohn Davids, zum König und salbten ihn dem HERRN zum Fürsten und Zadok zum Priester.

23 Also saß Salomo auf dem Stuhl des Herrn als ein König an seines Vaters Davids Statt und ward glücklich; und ganz Israel ward ihm gehorsam.

24 Und alle Obersten und Gewaltigen, auch alle Kinder des Königs David taten sich unter den König Salomo.

25 Und der HERR machte Salomo immer größer vor dem Volk Israel und gab ihm ein prächtiges Königreich, wie keiner vor ihm über Israel gehabt hatte.

26 So ist nun David, der Sohn Isais, König gewesen über ganz Israel.

27 Die Zeit aber, die er König über Israel gewesen ist, ist vierzig Jahre: zu Hebron regierte er sieben Jahre und zu Jerusalem dreiunddreißig Jahre.

28 Und er starb im guten Alter, gesättigt mit Leben, Reichtum und Ehre. Und sein Sohn Salomo ward König an seiner Statt.

29 Die Geschichten aber des Königs David, beide, die ersten und die letzten, siehe, die sind geschrieben in den Geschichten Samuels, des Sehers, und in den Geschichten des Propheten Nathan und in den Geschichten Gads, des

Sehers,

30 mit allem seinem Königreich und seiner Gewalt und den Zeiten, die ergangen sind über ihn und über Israel und alle Königreiche in den Landen.

Das 1. Buch der Chonik

Das 2. Buch der Chronik

*Von der Erscheinung Gottes vor Salomo
und seinem Gebet, dem Bau des Tempels,
negative und positive Beispiele für Regierende,
der Bekehrung Manasses, der Zerstörung Jerusalems,
des Tempels und dem babylonischen Exil*

Das 2. Buch der Chronik

1. Kapitel

Salomo opfert zu Gibeon; Gott erscheint ihm und gibt ihm auf sein Gebet Weisheit und Reichtum.

1 Und Salomo, der Sohn Davids, ward in seinem Reich bekräftigt; und der HERR, sein Gott, war mit ihm und machte ihn immer größer.

2 Und Salomo redete mit dem ganzen Israel, mit den Obersten über tausend und hundert, mit den Richtern und mit allen Fürsten in Israel, mit den Obersten der Vaterhäuser,

3 daß sie hingingen, Salomo und die ganze Gemeinde mit ihm, zu der Höhe, die zu Gibeon war; denn daselbst war die Hütte des Stifts Gottes, die Mose, der Knecht des HERRN, gemacht hatte in der Wüste.

4 (Aber die Lade Gottes hatte David heraufgebracht von Kirjath-Jearim an den Ort, den er bereitet hatte; denn er hatte ihr eine Hütte aufgeschlagen zu Jerusalem.)

5 Aber der eherne Altar, den Bezaleel, der Sohn Uris, des Sohnes Hurs, gemacht hatte, war daselbst vor der Wohnung des HERRN; und Salomo und die Gemeinde pflegten ihn zu suchen.

6 Und Salomo opferte auf dem ehernen Altar vor dem HERRN, der vor der Hütte des Stifts stand, tausend Brandopfer.

7 In derselben Nacht aber erschien Gott Salomo und sprach zu ihm: Bitte, was soll ich dir geben?

8 Und Salomo sprach zu Gott: Du hast große Barmherzigkeit an meinem Vater David getan und hast mich an seiner Statt zum König gemacht;

9 so laß nun, HERR, Gott, deine Worte wahr werden an meinem Vater David; denn du hast mich zum König gemacht über ein Volk, des so viel ist als Staub auf Erden.

10 So gib mir nun Weisheit und Erkenntnis, daß ich vor diesem Volk aus und ein gehe; denn wer kann dies dein großes Volk richten?

11 Da sprach Gott zu Salomo: Weil du das im Sinn hast und hast nicht um Reichtum noch um Gut noch um Ehre noch um deiner Feinde Seele noch um langes Leben gebeten, sondern hast um Weisheit und Erkenntnis gebeten, daß du mein Volk richten mögst, darüber ich dich zum König gemacht habe,

12 so sei dir Weisheit und Erkenntnis gegeben; dazu will ich dir Reichtum und Gut und Ehre geben, daß deinesgleichen unter den Königen vor dir nicht gewesen ist noch werden soll nach dir.

13 Also kam Salomo von der Höhe, die zu Gibeon war, von der Hütte des Stifts, gen Jerusalem und regierte über Israel.

14 Und Salomo sammelte sich Wagen und Reiter, daß er zuwege brachte tausendundvierhundert Wagen und zwölftausend Reiter,

und legte sie in die Wagenstädte und zu dem König nach Jerusalem.

15 Und der König machte, daß des Silbers und Goldes so viel war zu Jerusalem wie die Steine und der Zedern wie die Maulbeerbäume in den Gründen.

16 Und man brachte Salomo Rosse aus Ägypten und allerlei Ware; und die Kaufleute des Königs kauften die Ware

17 und brachten's aus Ägypten heraus, je einen Wagen um sechshundert Silberlinge, ein Roß um hundertfünfzig. Also brachten sie auch allen Königen der Hethiter und den Königen von Syrien.

2. Kapitel

Salomos Vertrag mit dem König Hiram von Tyrus wegen des Tempelbaus.

1 Und Salomo gedachte zu bauen ein Haus dem Namen des HERRN und ein Haus seines Königreichs.

2 Und Salomo zählte ab siebzigtausend, die da Last trugen, und achtzigtausend, die da Steine hieben auf dem Berge, und dreitausend und sechshundert Aufseher über sie.

3 Und Salomo sandte zu Huram, dem König zu Tyrus, und ließ ihm sagen: Wie du mit meinem Vater David tatest und ihm sandtest Zedern, daß

er sich ein Haus baute, darin er wohnte.

4 Siehe, ich will dem Namen des HERRN, meines Gottes, ein Haus bauen, das ihm geheiligt werde, gutes Räuchwerk vor ihm zu räuchern und Schaubrote allewege zuzurichten und Brandopfer des Morgens und des Abends auf die Sabbate und Neumonde und auf die Feste des HERRN, unsers Gottes, ewiglich für Israel.

5 Und das Haus, das ich bauen will soll groß sein; denn unser Gott ist größer als alle Götter.

6 Aber wer vermag's, daß er ihm ein Haus baue? denn der Himmel und aller Himmel Himmel können ihn nicht fassen. Wer sollte ich denn sein, daß ich ihm ein Haus baute? es sei denn um vor ihm zu räuchern.

7 So sende mir nun einen weisen Mann, zu arbeiten mit Gold, Silber, Erz, Eisen, rotem Purpur, Scharlach und blauem Purpur und der da wisse einzugraben mit den Weisen, die bei mir sind in Juda und Jerusalem, welche mein Vater David bestellt hat.

8 Und sende mir Zedern-, Tannen- und Sandelholz vom Libanon; denn ich weiß, daß deine Knechte das Holz zu hauen wissen auf dem Libanon. Und siehe, meine Knechte sollen mit deinen Knechten sein,

9 daß man mir viel Holz zubereite; denn das Haus, das ich bauen will, soll groß und sonderlich sein.

10 Und siehe, ich will den Zimmerleuten,

deinen Knechten, die das Holz hauen, zwanzigtausend Kor Gerste und zwanzigtausend Kor Weizen und zwanzigtausend Bath Wein und zwanzigtausend Bath Öl geben.

11 Da sprach Huram, der König zu Tyrus, durch Schrift und sandte zu Salomo: Darum daß der HERR sein Volk liebt, hat er dich über sie zum König gemacht.

12 Und Huram sprach weiter: Gelobt sei der HERR, der Gott Israels, der da Himmel und Erde gemacht hat, daß er dem König David hat einen weisen, klugen und verständigen Sohn gegeben, der dem HERRN ein Haus baue und ein Haus seines Königreichs.

13 So sende ich nun einen weisen Mann, der Verstand hat, Huram, meinen Meister

14 (der ein Sohn ist eines Weibes aus den Töchtern Dans, und dessen Vater ein Tyrer gewesen ist); der weiß zu arbeiten an Gold, Silber, Erz, Eisen, Steinen, Holz, rotem und blauem Purpur, köstlicher weißer Leinwand und Scharlach und einzugraben allerlei und allerlei kunstreich zu machen, was man ihm aufgibt, mit deinen Weisen und mit den Weisen meines Herrn, des Königs Davids, deines Vaters.

15 So sende nun mein Herr Weizen, Gerste, Öl und Wein seinen Knechten, wie er geredet hat;

16 so wollen wir das Holz hauen auf dem Libanon, wieviel es not ist, und wollen's auf Flößen bringen im Meer gen Japho; von da magst du es hinauf gen Jerusalem bringen.

Das 2. Buch der Chronik

17 Und Salomo zählte alle Fremdlinge im Lande Israel nach dem, daß David, sein Vater, sie gezählt hatte; und wurden gefunden 153600.

18 Und er machte aus denselben siebzigtausend Träger und achtzigtausend Hauer auf dem Berge und dreitausend sechshundert Aufseher, die das Volk zum Dienst anhielten.

3. Kapitel

Beschreibung des Tempelbaus.

1 Und Salomo fing an zu bauen das Haus des HERRN zu Jerusalem auf dem Berge Morija, der David, seinem Vater, gezeigt war, welchen David zubereitet hatte zum Raum auf der Tenne Ornans, des Jebusiters.

2 Er fing aber an zu bauen im zweiten Monat am zweiten Tage im vierten Jahr seines Königreiches.

3 Und also legte Salomo den Grund, zu bauen das Haus Gottes: die Länge sechzig Ellen nach altem Maß, die Weite zwanzig Ellen.

4 Und die Halle vor der Weite des Hauses her war zwanzig Ellen lang, die Höhe aber war hundertzwanzig Ellen; und er überzog sie inwendig mit lauterem Golde.

5 Das große Haus aber täfelte er mit Tannenholz und überzog's mit dem besten

Golde und machte darauf Palmen und Kettenwerk

6 und überzog das Haus mit edlen Steinen zum Schmuck; das Gold aber war Parwaim-Gold.

7 Und überzog das Haus, die Balken und die Schwellen samt seinen Wänden und Türen mit Gold und ließ Cherubim schnitzen an die Wände.

8 Er machte auch das Haus des Allerheiligsten, des Länge war zwanzig Ellen nach der Weite des Hauses, und seine Weite war auch zwanzig Ellen, und überzog's mit dem besten Golde bei sechshundert Zentner.

9 Und gab auch zu Nägeln fünfzig Lot Gold am Gewicht und überzog die Söller mit Gold.

10 Er machte auch im Hause des Allerheiligsten zwei Cherubim nach der Bildner Kunst und überzog sie mit Gold.

11 Und die Länge der Flügel an den Cherubim war zwanzig Ellen, daß ein Flügel fünf Ellen hatte und rührte an die Wand des Hauses und der andere Flügel auch fünf Ellen hatte und rührte an den Flügel des andern Cherubs.

12 Also hatte auch der eine Flügel des andern Cherubs fünf Ellen und rührte an die Wand des Hauses und sein anderer Flügel auch fünf Ellen und rührte an den Flügel des andern Cherubs,

13 daß diese Flügel der Cherubim waren ausgebreitet zwanzig Ellen weit; und sie standen auf ihren Füßen, und ihr Antlitz war gewandt zum Hause hin.

14 Er machte auch einen Vorhang von blauem und rotem Purpur, von Scharlach und köstlichem weißen Leinwerk und machte Cherubim darauf.

15 Und er machte vor dem Hause zwei Säulen, fünfunddreißig Ellen lang und der Knauf obendrauf fünf Ellen,

16 und machte Ketten zum Gitterwerk und tat sie oben an die Säulen und machte hundert Granatäpfel und tat sie an die Ketten

17 und richtete die Säulen auf vor dem Tempel, eine zur Rechten und die andere zur Linken, und hieß die zur Rechten Jachin und die zur Linken Boas.

4. Kapitel

Beschreibung einzelner Teile und Geräte des Tempels.

1 Er machte auch einen ehernen Altar, zwanzig Ellen lang und breit und zehn Ellen hoch.

2 Und er machte ein gegossenes Meer, von einem Rand bis zum andern zehn Ellen weit, rundumher, und fünf Ellen hoch; und ein Maß von dreißig Ellen mochte es umher begreifen.

3 Und Knoten waren unter ihm umher, je zehn auf eine Elle; und es waren zwei Reihen Knoten um das Meer her, die mit gegossen waren.

4 Es stand aber auf zwölf Ochsen, also daß drei gewandt waren gegen Mitternacht, drei gegen

Abend, drei gegen Mittag und drei gegen Morgen, und das Meer oben auf ihnen, und alle ihre Hinterteile waren inwendig.

5 Seine Dicke war eine Hand breit, und sein Rand war wie eines Bechers Rand und eine aufgegangene Lilie, und es faßte dreitausend Bath.

6 Und er machte zehn Kessel; deren setzte er fünf zur Rechten und fünf zur Linken, darin zu waschen, daß sie darin abspülten, was zum Brandopfer gehört; das Meer aber, daß sich die Priester darin wüschen.

7 Er machte auch zehn goldene Leuchter, wie sie sein sollten, und setzte sie in den Tempel, fünf zur Rechten und fünf zur Linken,

8 und machte zehn Tische und tat sie in den Tempel, fünf zur Rechten und fünf zur Linken, und machte hundert goldene Becken.

9 Er machte auch einen Hof für die Priester und einen großen Vorhof und Türen in den Vorhof und überzog die Türen mit Erz

10 und setzte das Meer an die rechte Ecke gegen Morgen mittagswärts.

11 Und Huram machte Töpfe, Schaufeln und Becken. Also vollendete Huram die Arbeit, die er dem König Salomo tat am Hause Gottes,

12 nämlich die zwei Säulen mit den Kugeln und Knäufen oben auf beiden Säulen; und beide Gitterwerke, zu bedecken beide Kugeln der Knäufe oben auf den Säulen;

13 und die vierhundert Granatäpfel an den

Gitterwerken, zwei Reihen Granatäpfel an jeglichem Gitterwerk, zu bedecken beide Kugeln der Knäufe, die oben auf den Säulen waren.

14 Auch machte er die Gestühle und die Kessel auf den Gestühlen

15 und das Meer und zwölf Ochsen darunter;

16 dazu Töpfe, Schaufeln, Gabeln und alle ihre Gefäße machte Huram, der Meister, dem König Salomo zum Hause des HERRN von geglättetem Erz.

17 In der Gegend des Jordans ließ sie der König gießen in dicker Erde, zwischen Sukkoth und Zaredatha.

18 Und Salomo machte aller dieser Gefäße sehr viel, daß des Erzes Gewicht nicht zu erforschen war.

19 Und Salomo machte alles Gerät zum Hause Gottes, nämlich den goldenen Altar und die Tische mit den Schaubroten darauf;

20 die Leuchter mit ihren Lampen von lauterem Gold, daß sie brennten vor dem Chor, wie sich's gebührt;

21 und die Blumen und die Lampen und die Schneuzen waren golden, das war alles völliges Gold;

22 dazu die Messer, Becken, Löffel und Näpfe waren lauter Gold. Und der Eingang, nämlich seine Tür inwendig zu dem Allerheiligsten und die Türen am Hause des Tempels, waren golden.

Das 2. Buch der Chronik

5. Kapitel

Einweihung des Tempels.

1 Also ward alle Arbeit vollbracht, die Salomo tat am Hause des HERRN. Und Salomo brachte hinein alles, was sein Vater David geheiligt hatte, nämlich Silber und Gold und allerlei Geräte, und legte es in den Schatz im Hause Gottes.

2 Da versammelte Salomo alle Ältesten in Israel, alle Hauptleute der Stämme, Fürsten der Vaterhäuser unter den Kindern Israel gen Jerusalem, daß sie die Lade des Bundes des HERRN hinaufbrächten aus der Stadt Davids, das ist Zion.

3 Und es versammelten sich zum König alle Männer Israels am Fest, das ist im siebenten Monat,

4 und kamen alle Ältesten Israels. Und die Leviten hoben die Lade auf

5 und brachten sie hinauf samt der Hütte des Stifts und allem heiligen Gerät, das in der Hütte war; es brachten sie hinauf die Priester, die Leviten.

6 Aber der König Salomo und die ganze Gemeinde Israel, zu ihm versammelt vor der Lade, opferten Schafe und Ochsen, so viel, daß es niemand zählen noch rechnen konnte.

7 Also brachten die Priester die Lade des Bundes des HERRN an ihre Stätte, in den Chor des Hauses, in das Allerheiligste, unter die

Flügel der Cherubim,

8 daß die Cherubim ihre Flügel ausbreiteten über die Stätte der Lade; und die Cherubim bedeckten die Lade und ihre Stangen von obenher.

9 Die Stangen aber waren so lang, daß man ihre Knäufe sah von der Lade her vor dem Chor; aber außen sah man sie nicht. Und sie war daselbst bis auf diesen Tag.

10 Und war nichts in der Lade außer den zwei Tafeln, die Mose am Horeb hineingetan hatte, da der HERR einen Bund machte mit den Kindern Israel, da sie aus Ägypten zogen.

11 Und die Priester gingen heraus aus dem Heiligen - denn alle Priester, die vorhanden waren, hatten sich geheiligt, also daß auch die Ordnungen nicht gehalten wurden - ;

12 und die Leviten und die Sänger alle, Asaph, Heman und Jedithun und ihre Kinder und Brüder, angezogen mit feiner Leinwand, standen gegen Morgen des Altars mit Zimbeln, Psaltern und Harfen, und bei ihnen hundertzwanzig Priester, die mit Drommeten bliesen;

13 und es war, als wäre es einer, der drommetete und sänge, als hörte man eine Stimme loben und danken dem HERRN. Und da die Stimme sich erhob von den Drommeten, Zimbeln und Saitenspielen und von dem Loben des HERRN, daß er gütig ist und seine Barmherzigkeit ewig währet, da ward das Haus des HERRN erfüllt mit einer Wolke,

14 daß die Priester nicht stehen konnten, zu dienen vor der Wolke; denn die Herrlichkeit des HERRN erfüllte das Haus Gottes.

6. Kapitel

Gebet Salomos bei der Tempelweihe.

1 Da sprach Salomo: Der HERR hat geredet, er wolle wohnen im Dunkel.
2 So habe ich nun ein Haus gebaut dir zur Wohnung, und einen Sitz, da du ewiglich wohnst.
3 Und der König wandte sein Antlitz und segnete die ganze Gemeinde Israel; denn die ganze Gemeinde Israel stand.
4 Und er sprach: Gelobt sei der HERR, der Gott Israels, der durch seinen Mund meinem Vater David geredet und es mit seiner Hand erfüllt hat, der da sagte:
5 Seit der Zeit, da ich mein Volk aus Ägyptenland geführt habe, habe ich keine Stadt erwählt in allen Stämmen Israels, ein Haus zu bauen, daß mein Name daselbst wäre, und habe auch keinen Mann erwählt, daß er Fürst wäre über mein Volk Israel;
6 aber Jerusalem habe ich erwählt, daß mein Name daselbst sei, und David habe ich erwählt, daß er über mein Volk Israel sei.
7 Und da es mein Vater im Sinn hatte, ein Haus

zu bauen dem Namen des HERRN, des Gottes Israels,

8 sprach der HERR zu meinem Vater David: Du hast wohl getan, daß du im Sinn hast, meinem Namen ein Haus zu bauen.

9 Doch du sollst das Haus nicht bauen, sondern dein Sohn, der aus deinen Lenden kommen wird, soll meinem Namen das Haus bauen.

10 So hat nun der HERR sein Wort bestätigt, das er geredet hat; denn ich bin aufgekommen an meines Vaters David Statt und sitze auf dem Stuhl Israels, wie der HERR geredet hat, und habe ein Haus gebaut dem Namen des HERRN, des Gottes Israels,

11 und habe hineingetan die Lade, darin der Bund des HERRN ist, den er mit den Kindern Israel gemacht hat.

12 Und er trat vor den Altar des HERRN vor der ganzen Gemeinde Israel und breitete seine Hände aus

13 (denn Salomo hatte eine eherne Kanzel gemacht und gesetzt mitten in den Vorhof, fünf Ellen lang und breit und drei Ellen hoch; auf dieselbe trat er und fiel nieder auf seine Kniee vor der ganzen Gemeinde Israel und breitete seine Hände aus gen Himmel)

14 und sprach: HERR, Gott Israels, es ist kein Gott dir gleich, weder im Himmel noch auf Erden, der du hältst den Bund und die Barmherzigkeit deinen Knechten die vor dir wandeln aus ganzem Herzen.

Das 2. Buch der Chronik

15 Du hast gehalten deinem Knechte David, meinem Vater, was du ihm geredet hast; mit deinem Munde hast du es geredet, und mit deiner Hand hast du es erfüllt, wie es heutigestages steht.

16 Nun, HERR, Gott Israels, halte deinem Knechte David, meinem Vater, was du ihm verheißen hast und gesagt: Es soll dir nicht gebrechen an einem Manne vor mir, der auf dem Stuhl Israels sitze, doch sofern deine Kinder ihren Weg bewahren, daß sie wandeln in meinem Gesetz, wie du vor mir gewandelt hast.

17 Nun, HERR, Gott Israels, laß deine Worte wahr werden, das du deinem Knechte David geredet hast.

18 Denn sollte in Wahrheit Gott bei den Menschen wohnen? Siehe, der Himmel und aller Himmel Himmel können dich nicht fassen; wie sollte es denn das Haus tun, das ich gebaut habe?

19 Wende dich aber, HERR, mein Gott, zu dem Gebet deines Knechtes und zu seinem Flehen, daß du erhörest das Bitten und Beten, das dein Knecht vor dir tut;

20 daß deine Augen offen seien über dies Haus Tag und Nacht, über die Stätte, dahin du deinen Namen zu stellen verheißen hast; daß du hörest das Gebet, das dein Knecht an dieser Stelle tun wird.

21 So höre nun das Flehen deines Knechtes und deines Volkes Israel, das sie bitten werden an

dieser Stätte; höre es aber von der Stätte deiner Wohnung, vom Himmel. Und wenn du es hörst, wollest du gnädig sein.

22 Wenn jemand wider seinen Nächsten sündigen wird und es wird ihm ein Eid aufgelegt, den er schwören soll, und der Eid kommt vor deinen Altar in diesem Hause:

23 so wollest du hören vom Himmel und deinem Knechte Recht verschaffen, daß du dem Gottlosen vergeltest und gibst seinen Wandel auf seinen Kopf und rechtfertigst den Gerechten und gebest ihm nach seiner Gerechtigkeit.

24 Wenn dein Volk Israel vor seinen Feinden geschlagen wird, weil sie an dir gesündigt haben, und sie bekehren sich und bekennen deinen Namen, bitten und flehen vor dir in diesem Hause:

25 so wollest du hören vom Himmel und gnädig sein der Sünde deines Volkes Israel und sie wieder in das Land bringen, das du ihnen und ihren Vätern gegeben hast.

26 Wenn der Himmel zugeschlossen wird, daß es nicht regnet, weil sie an dir gesündigt haben, und sie bitten an dieser Stätte und bekennen deinen Namen und bekehren sich von ihren Sünden, weil du sie gedemütigt hast:

27 so wollest du hören vom Himmel und gnädig sein der Sünde deiner Knechte und deines Volkes Israel, daß du sie den guten Weg lehrest, darin sie wandeln sollen, und regnen lassest auf dein Land, das du deinem Volk gegeben hast zu

besitzen.

28 Wenn eine Teuerung im Lande wird oder Pestilenz oder Dürre, Brand, Heuschrecken, Raupen, oder wenn sein Feind im Lande seine Tore belagert oder irgend eine Plage oder Krankheit da ist;

29 wer dann bittet oder fleht, es seien allerlei Menschen oder dein ganzes Volk Israel, so jemand ein Plage und Schmerzen fühlt und seine Hände ausbreitet zu diesem Hause:

30 so wollest du hören vom Himmel, vom Sitz deiner Wohnung, und gnädig sein und jedermann geben nach all seinem Wandel, nach dem du sein Herz erkennst (denn du allein erkennst das Herz der Menschenkinder),

31 auf daß sie dich fürchten und wandeln in deinen Wegen alle Tage, solange sie leben in dem Lande, das du unsern Vätern gegeben hast.

32 Wenn auch ein Fremder, der nicht von deinem Volk Israel ist, kommt aus fernen Landen um deines großen Namens und deiner mächtigen Hand und deines ausgereckten Armes willen und betet vor diesem Hause:

33 so wollest du hören vom Himmel, vom Sitz deiner Wohnung, und tun alles, warum er dich anruft, auf daß alle Völker auf Erden deinen Namen erkennen und dich fürchten wie dein Volk Israel und innewerden, daß dies Haus, das ich gebaut habe, nach deinem Namen genannt sei.

34 Wenn dein Volk auszieht in den Streit wider

seine Feinde des Weges, den du sie senden wirst, und sie zu dir beten nach dieser Stadt hin, die du erwählt hast und nach dem Hause, das ich deinem Namen gebaut habe:

35 so wollest du ihr Gebet und Flehen hören vom Himmel und ihnen zu ihrem Recht helfen.

36 Wenn sie an dir sündigen werden (denn es ist kein Mensch, der nicht sündige), und du über sie erzürnst und gibst sie dahin ihren Feinden, daß sie sie gefangen wegführen in ein fernes oder nahes Land,

37 und sie in ihr Herz schlagen in dem Lande, darin sie gefangen sind, und bekehren sich und flehen zu dir im Lande ihres Gefängnisses und sprechen: Wir haben gesündigt, übel getan und sind gottlos gewesen,

38 und sich also von ganzem Herzen und von ganzer Seele zu dir bekehren im Lande ihres Gefängnisses, da man sie gefangen hält, und sie beten nach ihrem Lande hin, das du ihren Vätern gegeben hast, nach der Stadt hin, die du erwählt hast, und nach dem Hause, das ich deinem Namen gebaut habe:

39 so wollest du ihr Gebet und Flehen hören vom Himmel, vom Sitz deiner Wohnung, und ihnen zu ihrem Recht helfen und deinem Volk gnädig sein, das an dir gesündigt hat.

40 So laß nun, mein Gott, deine Augen offen sein und deine Ohren aufmerken auf das Gebet an dieser Stätte.

41 So mache dich nun auf, HERR, Gott zu deiner

Ruhe, du und die Lade deiner Macht. Laß deine Priester, HERR, Gott, mit Heil angetan werden und deine Heiligen sich freuen über dem Guten.

42 Du, HERR, Gott, wende nicht weg das Antlitz deines Gesalbten; gedenke an die Gnaden, deinem Knechte David verheißen.

7. Kapitel

*Ende der Tempelweihe.
Zweite Erscheinung Gottes.*

1 Und da Salomo ausgebetet hatte, fiel ein Feuer vom Himmel und verzehrte das Brandopfer und die anderen Opfer; und die Herrlichkeit des HERRN erfüllte das Haus,

2 daß die Priester nicht konnten hineingehen ins Haus des HERRN, weil die Herrlichkeit des HERRN füllte des HERRN Haus.

3 Auch sahen alle Kinder Israel das Feuer herabfallen und die Herrlichkeit des HERRN über dem Hause, und fielen auf ihre Knie mit dem Antlitz zur Erde aufs Pflaster und beteten an und dankten dem HERRN, daß er gütig ist und seine Barmherzigkeit ewiglich währet.

4 Der König aber und alles Volk opferten vor dem HERRN;

5 denn der König Salomo opferte zweiundzwanzigtausend Ochsen und hundertzwanzigtausend Schafe. Und also weihten sie

das Haus Gottes ein, der König und alles Volk.

6 Aber die Priester standen in ihrem Dienst und die Leviten mit den Saitenspielen des HERRN, die der König David hatte machen lassen, dem HERRN zu danken, daß seine Barmherzigkeit ewiglich währet, mit den Psalmen Davids durch ihre Hand; und die Priester bliesen die Drommeten ihnen gegenüber, und das ganze Israel stand.

7 Und Salomo heiligte die Mitte des Hofes, der vor dem Hause des HERRN war; denn er hatte daselbst Brandopfer und das Fett der Dankopfer ausgerichtet. Denn der eherne Altar, den Salomo hatte machen lassen, konnte nicht alle Brandopfer, Speisopfer und das Fett fassen.

8 Und Salomo hielt zu derselben Zeit ein Fest sieben Tage lang und das ganze Israel mit ihm, eine sehr große Gemeinde, von Hamath an bis an den Bach Ägyptens,

9 und hielt am achten Tag eine Versammlung; denn die Einweihung des Altars hielten sie sieben Tage und das Fest auch sieben Tage.

10 Aber am dreiundzwanzigsten Tag des siebenten Monats ließ er das Volk heimgehen in ihre Hütten fröhlich und guten Muts über allem Guten, das der HERR an David, Salomo und seinem Volk Israel getan hatte.

11 Also vollendete Salomo das Haus des HERRN und das Haus des Königs; und alles, was in sein Herz gekommen war, zu machen im Hause des HERRN und in seinem Hause, gelang

ihm.

12 Und der HERR erschien Salomo des Nachts und sprach zu ihm: Ich habe dein Gebet erhört und diese Stätte mir erwählt zum Opferhause.

13 Siehe, wenn ich den Himmel zuschließe, daß es nicht regnet, oder heiße die Heuschrecken das Land fressen oder lasse Pestilenz unter mein Volk kommen,

14 und mein Volk sich demütigt, das nach meinem Namen genannt ist, daß sie beten und mein Angesicht suchen und sich von ihren bösen Wegen bekehren werden: so will ich vom Himmel hören und ihre Sünde vergeben und ihr Land heilen.

15 So sollen nun meine Augen offen sein und meine Ohren aufmerken auf das Gebet an dieser Stätte.

16 So habe ich nun dies Haus erwählt und geheiligt, daß mein Name daselbst sein soll ewiglich und meine Augen und mein Herz soll da sein allewege.

17 Und so du wirst vor mir wandeln, wie dein Vater David gewandelt hat, daß du tust alles, was ich dich heiße, und hältst meine Gebote und Rechte:

18 so will ich den Stuhl deines Königreichs bestätigen, wie ich mich deinem Vater David verbunden habe und gesagt: Es soll dir nicht gebrechen an einem Manne, der über Israel Herr sei.

19 Werdet ihr euch aber umkehren und meine

Rechte und Gebote, die ich euch vorgelegt habe, verlassen und hingehen und andern Göttern dienen und sie anbeten:

20 so werde ich sie auswurzeln aus meinem Lande, das ich ihnen gegeben habe; und dies Haus, das ich meinem Namen geheiligt habe, werde ich von meinem Angesicht werfen und werde es zum Sprichwort machen und zur Fabel unter allen Völkern.

21 Und vor diesem Haus, das das höchste gewesen ist, werden sich entsetzen alle, die vorübergehen, und sagen: Warum ist der HERR mit diesem Lande und diesem Hause also verfahren?

22 so wird man sagen: Darum daß sie den HERRN, ihrer Väter Gott, verlassen haben, der sie aus Ägyptenland geführt hat, und haben sich an andere Götter gehängt und sie angebetet und ihnen gedient, darum hat er all dies Unglück über sie gebracht.

8. Kapitel

*Salomos Städtebau,
Ordnung im Gottesdienst, Schifffahrt.*

1 Und nach zwanzig Jahren, in welchen Salomo des HERRN Haus und sein Haus baute,

2 baute er auch die Städte, die Huram Salomo gab, und ließ die Kinder Israel darin wohnen.

3 Und Salomo zog gen Hamath-Zoba und ward desselben mächtig

4 und baute Thadmor in der Wüste und alle Kornstädte, die er baute in Hamath;

5 er baute auch Ober- und Nieder-Beth-Horon, die feste Städte waren mit Mauern, Türen und Riegeln;

6 auch Baalath und alle Kornstädte, die Salomo hatte, und alle Wagen- und Reiter-Städte und alles, wozu Salomo Lust hatte zu bauen zu Jerusalem und auf dem Libanon und im ganzen Lande seiner Herrschaft.

7 Alles übrige Volk von den Hethitern, Amoritern, Pheresitern, Hevitern und Jebusitern, die nicht von den Kindern Israel waren,

8 ihre Kinder, die sie hinterlassen hatten im Lande, die die Kinder Israel nicht vertilgt hatten, machte Salomo zu Fronleuten bis auf diesen Tag.

9 Aber von den Kindern Israel machte Salomo nicht Knechte zu seiner Arbeit; sondern sie waren Kriegsleute und Oberste über seine Ritter und über seine Wagen und Reiter.

10 Und der obersten Amtleute des Königs Salomo waren zweihundert und fünfzig, die über das Volk herrschten.

11 Und die Tochter Pharaos ließ Salomo heraufholen aus der Stadt Davids in das Haus, das er für sie gebaut hatte. Denn er sprach: Mein Weib soll mir nicht wohnen im Hause Davids, des Königs Israels; denn es ist geheiligt, weil die Lade des HERRN hineingekommen ist.

12 Von dem an opferte Salomo dem HERRN Brandopfer auf dem Altar des HERRN, den er gebaut hatte vor der Halle,

13 ein jegliches auf seinen Tag zu opfern nach dem Gebot Mose's, auf die Sabbate, Neumonde und bestimmte Zeiten des Jahres dreimal, nämlich auf's Fest der ungesäuerten Brote, auf's Fest der Wochen und auf's Fest der Laubhütten.

14 Und er bestellte die Priester in ihren Ordnungen zu ihrem Amt, wie es David, sein Vater, bestimmt hatte und die Leviten zu ihrem Dienst, daß sie lobten und dienten vor den Priestern, jegliche auf ihren Tag, und die Torhüter in ihren Ordnungen, jegliche auf ihr Tor; denn also hatte es David, der Mann Gottes, befohlen.

15 Und es ward nicht gewichen vom Gebot des Königs über die Priester und Leviten in allerlei Sachen und bei den Schätzen.

16 Also ward bereitet alles Geschäft Salomos von dem Tage an, da des HERRN Haus gegründet ward, bis er's vollendete, daß des HERRN Haus ganz bereitet ward.

17 Da zog Salomo gen Ezeon-Geber und gen Eloth an dem Ufer des Meeres im Lande Edom.

18 Und Huram sandte ihm Schiffe durch seine Knechte, die des Meeres kundig waren und sie fuhren mit den Knechten Salomos gen Ophir und holten von da vierhundertundfünfzig Zentner Gold und brachten's dem König Salomo.

9. Kapitel

Salomo wird von der Königin von Reicharabien besucht und beschenkt. Sein Reichtum und Tod.

1 Und da die Königin von Reicharabien das Gerücht von Salomo hörte, kam sie mit sehr vielem Volk gen Jerusalem, mit Kamelen, die Gewürze und Gold die Menge trugen und Edelsteine, Salomo mit Rätseln zu versuchen. Und da sie zu Salomo kam, redete sie mit ihm alles, was sie sich hatte vorgenommen.

2 Und der König sagte ihr alles, was sie fragte, und war Salomo nichts verborgen, das er ihr nicht gesagt hätte.

3 Und da die Königin von Reicharabien sah die Weisheit Salomos und das Haus, das er gebaut hatte,

4 die Speise für seinen Tisch, die Wohnung für die Knechte, die Ämter seiner Diener und ihre Kleider, seine Schenken mit ihren Kleidern und seinen Gang, da man hinaufging ins Haus des HERRN, konnte sie sich nicht mehr enthalten,

5 und sie sprach zum König: Es ist wahr, was ich gehört habe in meinem Lande von deinem Wesen und von deiner Weisheit.

6 Ich wollte aber ihren Worten nicht glauben, bis ich gekommen bin und habe es mit meinen Augen gesehen. Und siehe, es ist mir nicht die Hälfte gesagt deiner großen Weisheit. Es ist mehr an dir denn das Gerücht, das ich gehört

habe.

7 Selig sind deine Männer und selig diese deine Knechte, die allewege vor dir stehen und deine Weisheit hören.

8 Der HERR, dein Gott, sei gelobt, der dich liebhat, daß er dich auf seinen Stuhl zum König gesetzt hat dem HERRN, deinem Gott. Das macht, dein Gott hat Israel lieb, daß er es ewiglich aufrichte; darum hat er dich über sie zum König gesetzt, daß du Recht und Redlichkeit handhabest.

9 Und sie gab dem König hundertundzwanzig Zentner Gold und sehr viel Gewürze und Edelsteine. Es waren keine Gewürze wie diese, die die Königin von Reicharabien dem König Salomo gab.

10 Dazu die Knechte Hurams und die Knechte Salomos, die Gold aus Ophir brachten, die brachten auch Sandelholz und Edelsteine.

11 Und Salomo ließ aus dem Sandelholz Treppen im Hause des HERRN und im Hause des Königs machen und Harfen und Psalter für die Sänger. Es waren vormals nie gesehen solche Hölzer im Lande Juda.

12 Und der König Salomo gab der Königin von Reicharabien alles, was sie begehrte und bat, außer was sie zum König gebracht hatte. Und sie wandte sich und zog in ihr Land mit ihren Knechten.

13 Des Goldes aber, das Salomo in einem Jahr gebracht ward, war sechshundert-sechs-

undsechzig Zentner,

14 außer was die Krämer und Kaufleute brachten. Und alle Könige der Araber und die Landpfleger brachten Gold und Silber zu Salomo.

15 Daher machte der König Salomo zweihundert Schilde vom besten Golde, daß sechshundert Lot auf einen Schild kam,

16 und dreihundert Tartschen vom besten Golde, daß dreihundert Lot Gold zu einer Tartsche kam.

17 Und der König tat sie ins Haus vom Walde Libanon. Und der König machte einen großen elfenbeinernen Stuhl und überzog ihn mit lauterem Golde.

18 Und der Stuhl hatte sechs Stufen und einen goldenen Fußschemel am Stuhl und hatte Lehnen auf beiden Seiten um den Sitz, und zwei Löwen standen neben den Lehnen.

19 Und zwölf Löwen standen daselbst auf den sechs Stufen zu beiden Seiten. Ein solches ist nicht gemacht in allen Königreichen.

20 Und alle Trinkgefäße des Königs Salomo waren golden, und alle Gefäße des Hauses vom Walde Libanon waren lauteres Gold; denn das Silber ward für nichts gerechnet zur Zeit Salomos.

21 Denn die Schiffe des Königs fuhren auf dem Meer mit den Knechten Hurams und kamen in drei Jahren einmal und brachten Gold, Silber, Elfenbein, Affen und Pfauen.

Das 2. Buch der Chronik

22 Also ward der König Salomo größer denn alle Könige auf Erden an Reichtum und Weisheit.

23 Und alle Könige auf Erden suchten das Angesicht Salomos, seine Weisheit zu hören, die ihm Gott in sein Herz gegeben hatte.

24 Und sie brachten ein jeglicher sein Geschenk, silberne und goldene Gefäße, Kleider, Waffen, Gewürz, Rosse und Maultiere, jährlich.

25 Und Salomo hatte viertausend Wagenpferde und zwölftausend Reisige; und man legte in die Wagenstädte und zu dem König nach Jerusalem.

26 Und er war ein Herr über alle Könige vom Strom an bis an der Philister Land und bis an die Grenze Ägyptens.

27 Und der König machte, daß des Silber so viel war zu Jerusalem wie die Steine und der Zedern so viel wie die Maulbeerbäume in den Gründen.

28 Und man brachte ihm Rosse aus Ägypten und aus allen Ländern.

29 Was aber mehr von Salomo zu sagen ist, beides, sein erstes und sein letztes, siehe, das ist geschrieben in den Geschichten des Propheten Nathan und in den Prophezeiungen Ahias von Silo und in den Geschichten Jeddis, des Sehers, wider Jerobeam, den Sohn Nebats.

30 Und Salomo regierte zu Jerusalem über ganz Israel vierzig Jahre.

31 Und Salomo entschlief mit seinen Vätern, und man begrub ihn in der Stadt Davids, seines

Vaters. Und Rehabeam, sein Sohn, ward König an seiner Statt.

10. Kapitel

Rehabeam wird König. Trennung des Reichs.

1 Rehabeam zog gen Sichem; denn ganz Israel war gen Sichem gekommen, ihn zum König zu machen.

2 Und da das Jerobeam hörte, der Sohn Nebats, der in Ägypten war, dahin er vor dem König Salomo geflohen war, kam er wieder aus Ägypten.

3 Und sie sandten hin und ließen ihn rufen. Und Jerobeam kam mit dem ganzen Israel, und sie redeten mit Rehabeam uns sprachen:

4 Dein Vater hat unser Joch zu hart gemacht; so erleichtere nun du den harten Dienst deines Vaters und das schwere Joch, das er auf uns gelegt hat, so wollen wir dir untertänig sein.

5 Er sprach zu ihnen: Über drei Tage kommt wieder zu mir. Und das Volk ging hin.

6 Und der König Rehabeam ratfragte die Ältesten, die vor seinem Vater Salomo gestanden waren, da er am Leben war, und sprach: Wie ratet ihr, daß ich diesem Volk Antwort gebe?

7 Sie redeten mit ihm und sprachen: Wirst du diesem Volk freundlich sein und sie gütig

behandeln und ihnen gute Worte geben, so werden sie dir untertänig sein allewege.

8 Er aber ließ außer acht den Rat der Ältesten, den sie ihm gegeben hatten, und ratschlagte mit den Jungen, die mit ihm aufgewachsen waren und vor ihm standen,

9 und sprach zu ihnen: Was ratet ihr, daß wir diesem Volk antworten, die mit mir geredet haben und sagen: Erleichtere das Joch, das dein Vater auf uns gelegt hat?

10 Die Jungen aber, die mit ihm aufgewachsen waren, redeten mit ihm und sprachen: So sollst du sagen zu dem Volk, das mit dir geredet und spricht: Dein Vater hat unser Joch zu schwer gemacht; mache du unser Joch leichter, und sprich zu ihnen: Mein kleinster Finger soll dicker sein den meines Vaters Lenden.

11 Hat nun mein Vater auf euch ein schweres Joch geladen, so will ich eures Joches noch mehr machen: mein Vater hat euch mit Peitschen gezüchtigt, ich aber mit Skorpionen.

12 Als nun Jerobeam und alles Volk zu Rehabeam kam am dritten Tage, wie denn der König gesagt hatte: Kommt wieder zu mir am dritten Tage,

13 antwortete ihnen der König hart. Und der König Rehabeam ließ außer acht den Rat der Ältesten

14 und redete mit ihnen nach dem Rat der Jungen und sprach: Hat mein Vater euer Joch schwer gemacht, so will ich noch mehr dazu

machen: mein Vater hat euch mit Peitschen gezüchtigt, ich aber mit Skorpionen.

15 Also gehorchte der König dem Volk nicht; denn es war also von Gott gewandt, auf daß der HERR sein Wort bestätigte, das er geredet hatte durch Ahia von Silo zu Jerobeam, dem Sohn Nebats.

16 Da aber das ganze Israel sah, daß ihnen der König nicht gehorchte, antwortete das Volk dem König und sprach: Was haben wir für Teil an David oder Erbe am Sohn Isais? Jedermann von Israel zu seiner Hütte! So siehe nun du zu deinem Hause, David! Und das ganze Israel ging in seine Hütten,

17 also daß Rehabeam nur über die Kinder Israel regierte, die in den Städten Juda's wohnten.

18 Aber der König Rehabeam sandte Hadoram, den Rentmeister; aber die Kinder Israel steinigten ihn zu Tode. Und der König Rehabeam stieg stracks auf seinen Wagen, daß er flöhe gen Jerusalem.

19 Also fiel Israel ab vom Hause Davids bis auf diesen Tag.

Das 2. Buch der Chronik

11. Kapitel

Gott verbietet Rehabeam einen Krieg gegen Israel. Seine Festungen; sein Anhang bei den Priestern; seine Weiber und Kinder.

1 Und da Rehabeam gen Jerusalem kam, versammelte er das ganze Haus Juda und Benjamin, hunderundachtzigtausend junger Mannschaft, die streitbar waren, wider Israel zu streiten, daß sie das Königreich wieder an Rehabeam brächten.

2 Aber das Wort des HERRN kam zu Semaja, dem Mann Gottes, und sprach:

3 Sage Rehabeam, dem Sohn Salomos, dem König Juda's, und dem ganzen Israel, das in Juda und Benjamin ist, und sprich:

4 So spricht der HERR: Ihr sollt nicht hinaufziehen noch wider eure Brüder streiten; ein jeglicher gehe wieder heim; denn das ist von mir geschehen. Sie gehorchten dem HERRN und ließen ab von dem Zug wider Jerobeam.

5 Rehabeam aber wohnte zu Jerusalem und baute Städte zu Festungen in Juda,

6 nämlich: Bethlehem, Etam, Thekoa,

7 Beth-Zur, Socho, Adullam,

8 Gath, Maresa, Siph,

9 Adoraim, Lachis, Aseka,

10 Zora, Ajalon und Hebron, welche waren die festen Städte in Juda und Benjamin;

11 und machte sie stark und setzte Fürsten

darein und Vorrat von Speise, Öl und Wein.

12 Und in allen Städten schaffte er Schilde und Spieße und machte sie sehr stark. Juda und Benjamin waren unter ihm.

13 Auch machten sich zu ihm die Priester und Leviten aus ganz Israel und allem Gebiet;

14 denn die Leviten verließen ihre Vorstädte und Habe und kamen zu Juda gen Jerusalem. Denn Jerobeam und seine Söhne verstießen sie, daß sie vor dem HERRN nicht des Priesteramtes pflegen konnten.

15 Er stiftete sich aber Priester zu den Höhen und zu den Feldteufeln und Kälbern, die er machen ließ.

16 Und nach ihnen kamen aus allen Stämmen Israels, die ihr Herz gaben, daß sie nach dem HERRN, dem Gott Israels, fragten, gen Jerusalem, daß sie opferten dem HERRN, dem Gott ihrer Väter.

17 Und stärkten also das Königreich Juda und befestigten Rehabeam, den Sohn Salomos, drei Jahre lang; denn sie wandelten in den Wegen Davids und Salomos drei Jahre.

18 Und Rehabeam nahm Mahalath, die Tochter Jerimoths, des Sohnes Davids, zum Weibe und Abihail, die Tochter Eliabs, des Sohnes Isais.

19 Die gebar ihm diese Söhne: Jeus, Semarja und Saham.

20 Nach der nahm er Maacha, die Tochter Absaloms; die gebar ihm Abia, Atthai, Sisa und Selomith.

Das 2. Buch der Chronik

21 Aber Rehabeam hatte Maacha, die Tochter Absaloms, lieber denn alle seine Weiber und Kebsweiber; denn er hatte achtzehn Weiber und sechzig Kebsweiber und zeugte achtundzwanzig Söhne und sechzig Töchter.

22 Und Rehabeam setzte Abia, den Sohn Maachas, zum Haupt und Fürsten unter seinen Brüdern; denn er gedachte ihn zum König zu machen.

23 Und er handelte klüglich und verteilte alle seine Söhne in die Lande Juda und Benjamin in alle festen Städte, und er gab ihnen Nahrung die Menge und nahm ihnen viele Weiber.

12. Kapitel

Rehabeam von Sisak, dem König in Ägypten, besiegt; seine weitere Regierung und Tod.

1 Da aber das Königreich Rehabeams befestigt und bekräftigt ward, verließ er das Gesetz des HERRN und ganz Israel mit ihm.

2 Aber im fünften Jahr des Königs Rehabeam zog herauf Sisak, der König in Ägypten, wider Jerusalem (denn sie hatten sich versündigt am HERRN)

3 mit tausendzweihundert Wagen und mit sechzigtausend Reiter, und das Volk war nicht zu zählen, das mit ihm kam aus Ägypten: Libyer, Suchiter und Mohren.

4 Und er gewann die festen Städte, die in Juda waren, und kam bis gen Jerusalem.

5 Da kam Semaja, der Prophet, zu Rehabeam und zu den Obersten Juda's, die sich gen Jerusalem versammelt hatten vor Sisak, und sprach zu ihnen: So spricht der HERR: Ihr habt mich verlassen; darum habe ich euch auch verlassen in Sisaks Hand.

6 Da demütigten sich die Obersten in Israel mit dem König und sprachen: Der HERR ist gerecht.

7 Als aber der HERR sah, daß sie sich demütigten, kam das Wort des HERRN zu Semaja und sprach: Sie haben sich gedemütigt; darum will ich sie nicht verderben, sondern ich will ihnen ein wenig Errettung geben, daß mein Grimm nicht triefe auf Jerusalem durch Sisak.

8 Doch sollen sie ihm untertan sein, daß sie innewerden, was es sei, mir dienen und den Königreichen in den Landen dienen.

9 Also zog Sisak, der König in Ägypten, herauf gen Jerusalem und nahm die Schätze im Hause des HERRN und die Schätze im Hause des Königs und nahm alles weg und nahm auch die goldenen Schilde, die Salomo machen ließ.

10 An deren Statt ließ der König Rehabeam eherne Schilde machen und befahl sie den Obersten der Trabanten, die an der Tür des Königshauses hüteten.

11 Und so oft der König in des HERRN Haus ging, kamen die Trabanten und trugen sie und brachten sie wieder in der Trabanten Kammer.

Das 2. Buch der Chronik

12 Und weil er sich demütigte, wandte sich des HERRN Zorn von ihm, daß nicht alles verderbt ward. Denn es war in Juda noch etwas Gutes.

13 Also ward Rehabeam, der König, bekräftigt in Jerusalem und regierte. Einundvierzig Jahre alt war Rehabeam da er König ward, und regierte siebzehn Jahre zu Jerusalem in der Stadt, die der HERR erwählt hatte aus allen Stämmen Israels, daß er seinen Namen dahin stellte. Seine Mutter hieß Naema, eine Ammonitin.

14 Und er handelte übel und schickte sein Herz nicht, daß er den HERRN suchte.

15 Die Geschichten aber Rehabeams, beide, die ersten und die letzten, sind geschrieben in den Geschichten Semajas, des Propheten, und Iddos, des Sehers, und aufgezeichnet, dazu die Kriege Rehabeam und Jerobeam ihr Leben lang.

16 Und Rehabeam entschlief mit seinen Vätern und ward begraben in der Stadt Davids. Und sein Sohn Abia ward König an seiner Statt.

13. Kapitel

Abia besiegt Jeobeam.

1 Im achtzehnten Jahr des Königs Jerobeam ward Abia König in Juda,

2 und regierte drei Jahre zu Jerusalem. Seine Mutter hieß Michaja, eine Tochter Uriels von

Gibea. Und es erhob sich ein Streit zwischen Abia und Jerobeam.

3 Und Abia rüstete sich zum Streit mit vierhunderttausend junger Mannschaft, starke Leute zum Kriege. Jerobeam aber rüstete sich, mit ihm zu streiten mit achthunderttausend junger Mannschaft, starke Leute.

4 Und Abia machte sich auf oben auf den Berg Zemaraim, welcher liegt auf dem Gebirge Ephraim und sprach: Hört mir zu, Jerobeam und ganz Israel!

5 Wisset ihr nicht, daß der HERR, der Gott Israels, hat das Königreich zu Israel David gegeben ewiglich, ihm und seinen Söhnen durch einen Salzbund?

6 Aber Jerobeam, der Sohn Nebats, der Knecht Salomos, Davids Sohnes, warf sich auf und ward seinem Herrn abtrünnig.

7 Und haben sich zu ihm geschlagen lose Leute und böse Buben und haben sich gestärkt wider Rehabeam, den Sohn Salomos; denn Rehabeam war jung und eines blöden Herzens, daß er sich vor ihnen nicht wehrte.

8 Nun denkt ihr euch zu setzen wider das Reich des HERRN unter den Söhnen Davids, weil euer ein großer Haufe ist und habt goldene Kälber, die euch Jerobeam zu Göttern gemacht hat.

9 Habt ihr nicht die Priester des HERRN, die Kinder Aaron, und die Leviten ausgestoßen und habt euch eigene Priester gemacht wie die Völker in den Landen? Wer da kommt, seine

Hand zu füllen mit einem jungen Farren und sieben Widdern, der wird Priester derer, die nicht Götter sind.

10 Mit uns aber ist der HERR, unser Gott, den wir nicht verlassen, und die Priester, die dem HERRN dienen, die Kinder Aaron, und die Leviten mit ihrem Geschäft,

11 die anzünden dem HERRN alle Morgen Brandopfer und alle Abende, dazu das gute Räuchwerk, und bereitete Brote auf den reinen Tisch, und der goldene Leuchter mit seinen Lampen, die da alle Abende angezündet werden. Denn wir halten die Gebote des HERRN, unsers Gottes; ihr aber habt ihn verlassen.

12 Siehe, mit uns ist an der Spitze Gott und seine Priester und die Halldrommeten, daß man wider euch drommete. Ihr Kinder Israel, streitet nicht wider den HERRN, eurer Väter Gott; denn es wird euch nicht gelingen.

13 Aber Jerobeam machte einen Hinterhalt umher, daß er von hinten an sie käme, daß sie vor Juda waren und der Hinterhalt hinter Juda.

14 Da sich nun Juda umwandte, siehe, da war vorn und hinten Streit. Da schrieen sie zum HERRN, und die Priester drommeteten mit den Drommeten,

15 und jedermann in Juda erhob Geschrei. Und da jedermann in Juda schrie, schlug Gott Jerobeam und das ganze Israel vor Abia und Juda.

16 Und die Kinder Israel flohen vor Juda, und Gott gab sie in ihre Hände,

17 daß Abia mit seinem Volk eine große Schlacht an ihnen tat und fielen aus Israel Erschlagene fünfhunderttausend junger Mannschaft.

18 Also wurden die Kinder Israel gedemütigt zu der Zeit; aber die Kinder Juda wurden getrost, denn sie verließen sich auf den HERRN, ihrer Väter Gott.

19 Und Abia jagte Jerobeam nach und gewann ihm Städte ab: Beth-El mit seinen Ortschaften, Jesana mit seinen Ortschaften und Ephron mit seinen Ortschaften,

20 daß Jerobeam fürder nicht zu Kräften kam, solange Abia lebte. Und der HERR plagte ihn, daß er starb.

21 Abia aber ward mächtig, und er nahm vierzig Weiber und zeugte zweiundzwanzig Söhne und sechzehn Töchter.

22 Was aber mehr von Abia zu sagen ist und seine Wege und sein Tun, das ist geschrieben in der Historie des Propheten Iddo.

14. Kapitel

*Asa schafft die Abgötterei ab
und siegt über die Mohren.*

1 Und Abia entschlief mit seinen Vätern, und sie

begruben ihn in der Stadt Davids. Und Asa, sein Sohn, war König an seiner Statt. Zu dessen Zeiten war das Land still zehn Jahre.

2 Und Asa tat, was recht war und dem HERRN, seinem Gott, wohl gefiel,

3 und tat weg die fremden Altäre und die Höhen und zerbrach die Säulen und hieb die Ascherahbilder ab

4 und ließ Juda sagen, daß sie den HERRN, den Gott ihrer Väter, suchten und täten nach dem Gesetz und Gebot.

5 Und er tat weg aus allen Städten Juda's die Höhen und die Sonnensäulen; denn das Königreich war still vor ihm.

6 Und er baute feste Städte in Juda, weil das Land still und kein Streit wider ihn war in denselben Jahren; denn der HERR gab ihm Ruhe.

7 Und er sprach zu Juda: Laßt uns diese Städte bauen und Mauern darumher führen und Türme, Türen und Riegel, weil das Land noch offen vor uns ist; denn wir haben den HERRN, unsern Gott, gesucht, und er hat uns Ruhe gegeben umher. Also bauten sie, und es ging glücklich vonstatten.

8 Und Asa hatte eine Heereskraft, die Schild und Spieß trugen, aus Juda dreihunderttausend und aus Benjamin, die Schilde trugen und mit dem Bogen schießen konnten zweihundertachtzigtausend; und diese waren starke Helden.

9 Es zog aber wider sie aus Serah, der Mohr,

mit einer Heereskraft tausendmaltausend, dazu dreihundert Wagen, und sie kamen bis gen Maresa.

10 Und Asa zog aus ihnen entgegen; und sie rüsteten sich zum Streit im Tal Zephatha bei Maresa.

11 Und Asa rief an den HERRN, seinen Gott, und sprach: HERR, es ist bei dir kein Unterschied, zu helfen unter vielen oder da keine Kraft ist. Hilf uns, HERR, unser Gott; denn wir verlassen uns auf dich, und in deinem Namen sind wir gekommen wider diese Menge. HERR, unser Gott, wider dich vermag kein Mensch etwas.

12 Und der HERR schlug die Mohren vor Asa und vor Juda, daß sie flohen.

13 Und Asa samt dem Volk, das bei ihm war, jagte ihnen nach bis gen Gerar. Und die Mohren fielen, daß ihrer keiner lebendig blieb; sondern sie wurden geschlagen vor dem HERRN und vor seinem Heerlager. Und sie trugen sehr viel Raub davon.

14 Und er schlug alle Städte um Gerar her; denn die Furcht des HERRN kam über sie. Und sie beraubten alle Städte; denn es war viel Raub darin.

15 Auch schlugen sie die Hütten des Viehs und führten weg Schafe die Menge und Kamele und kamen wieder gen Jerusalem.

15. Kapitel

Asa führt fort, den Gottesdienst zu reinigen, und hält ein Dankfest wegen des erhaltenen Sieges.

1 Und auf Asarja, den Sohn Odeds, kam der Geist Gottes.

2 Der ging hinaus Asa entgegen und sprach zu ihm: Höret mir zu, Asa und ganz Juda und Benjamin. Der HERR ist mit euch, weil ihr mit ihm seid; und wenn ihr ihn sucht, wird er sich von euch finden lassen. Werdet ihr aber ihn verlassen, so wird er euch auch verlassen.

3 Es werden aber viel Tage sein in Israel, daß kein rechter Gott, kein Priester, der da lehrt, und kein Gesetz sein wird.

4 Und wenn sie sich bekehren in ihrer Not zum Herrn, dem Gott Israels, und werden ihn suchen, so wird er sich finden lassen.

5 Zu der Zeit wird's nicht wohl gehen dem, der aus und ein geht; denn es werden große Getümmel sein über alle, die auf Erden wohnen.

6 Denn ein Volk wird das andere zerschlagen und eine Stadt die andere; denn Gott wird sie erschrecken mit allerlei Angst.

7 Ihr aber seid getrost und tut eure Hände nicht ab; denn euer Werk hat seinen Lohn.

8 Da aber Asa hörte diese Worte und die Weissagung Odeds, des Propheten, ward er getrost und tat weg die Gräuel aus dem ganzen Lande Juda und Benjamin und aus den Städten,

die er gewonnen hatte auf dem Gebirge Ephraim, und erneuerte den Altar des HERRN, der vor der Halle des HERRN stand,

9 und versammelte das ganze Juda und Benjamin und die Fremdlinge bei ihnen aus Ephraim, Manasse und Simeon. Denn es fielen zu ihm aus Israel die Menge, als sie sahen, daß der HERR, sein Gott, mit ihm war.

10 Und sie versammelten sich gen Jerusalem im dritten Monat des fünfzehnten Jahres des Königreichs Asas

11 und opferten desselben Tages dem HERRN von dem Raub, den sie gebracht hatten, siebenhundert Ochsen und siebentausend Schafe.

12 Und sie traten in den Bund, daß sie suchten den HERRN, ihrer Väter Gott, von ganzem Herzen und von ganzer Seele;

13 und wer nicht würde den HERRN, den Gott Israels, suchen, sollte sterben, klein oder groß, Mann oder Weib.

14 Und sie schwuren dem HERRN mit lauter Stimme, mit Freudengeschrei, mit Drommeten und Posaunen.

15 Und das ganze Juda war fröhlich über dem Eide; denn sie hatten geschworen von ganzem Herzen, und suchten ihn mit ganzem Willen. Und er ließ sich finden, und der HERR gab ihnen Ruhe umher.

16 Auch setzte Asa, der König, ab Maacha, seine Mutter, daß sie nicht mehr Herrin war, weil

sie der Ascherah ein Gräuelbild gestiftet hatte. Und Asa rottete ihr Gräuelbild aus und zerstieß es und verbrannte es am Bach Kidron.

17 Aber die Höhen in Israel wurden nicht abgetan; doch war das Herz Asas rechtschaffen sein Leben lang.

18 Und er brachte ein, was sein Vater geheiligt und was er geheiligt hatte, ins Haus Gottes: Silber, Gold und Gefäße.

19 Und es war kein Streit bis an das fünfunddreißigste Jahr des Königreichs Asas.

16. Kapitel

Asa, von Baesa bekriegt, versündigt sich an Gott und seinem Propheten. Sein Teil.

1 Im sechsunddreißigsten Jahr des Königreichs Asas zog herauf Baesa, der König Israels, wider Juda und baute Rama, daß er Asa, dem König Juda's, wehrte aus und ein zu ziehen.

2 Aber Asa nahm aus dem Schatz im Hause des HERRN und im Hause des Königs Silber und Gold und sandte zu Benhadad, dem König von Syrien, der zu Damaskus wohnte, und ließ ihm sagen:

3 Es ist ein Bund zwischen mir und dir, zwischen meinem Vater und deinem Vater; darum habe ich dir Silber und Gold gesandt, daß du den Bund mit Baesa, dem König Israels

fahren läßt, daß er von mir abziehe.

4 Benhadad gehorchte dem König Asa und sandte seine Heerfürsten wider die Städte Israels; die schlugen Ijon, Dan und Abel-Maim und alle Kornstädte Naphthalis.

5 Da Baesa das hörte, ließ er ab Rama zu bauen, und hörte auf von seinem Werk.

6 Aber der König Asa nahm zu sich das ganze Juda, und sie trugen die Steine und das Holz von Rama, womit Baesa baute; und er baute damit Geba und Mizpa.

7 Zu der Zeit kam Hanani, der Seher, zu Asa, dem König Juda's, und sprach zu ihm: Daß du dich auf den König von Syrien verlassen hast und hast dich nicht auf den HERRN, deinen Gott, verlassen, darum ist die Macht des Königs von Syrien deiner Hand entronnen.

8 Waren nicht die Mohren und Libyer eine große Menge mit sehr viel Wagen und Reitern? Doch da gab sie der HERR in deine Hand, da du dich auf ihn verließest.

9 Denn des HERRN Augen schauen alle Lande, daß er stärke die, so von ganzem Herzen an ihm sind. Du hast töricht getan; darum wirst du auch von nun an Kriege haben.

10 Aber Asa ward zornig über den Seher und legte ihn ins Gefängnis; denn er grollte ihm über diesem Stück. Und Asa unterdrückte etliche des Volkes zu der Zeit.

11 Die Geschichten aber Asas, beide, die ersten und die letzten, siehe, die sind

geschrieben im Buch von den Königen Juda's und Israels.

12 Und Asa ward krank an seinen Füßen im neununddreißigsten Jahr seines Königreichs, und seine Krankheit nahm sehr zu; und er suchte auch in seiner Krankheit den HERRN nicht, sondern die Ärzte.

13 Also entschlief Asa mit seinen Vätern und starb im einundvierzigsten Jahr seines Königreichs.

14 Und man begrub ihn in seinem Grabe, das er hatte lassen graben in der Stadt Davids. Und sie legten ihn auf sein Lager, welches man gefüllt hatte mit gutem Räuchwerk und allerlei Spezerei, nach der Kunst des Salbenbereiters gemacht, und machten ihm einen großen Brand.

17. Kapitel

Josaphats fromme und gesegnete Regierung.

1 Und sein Sohn Josaphat ward König an seiner Statt und ward mächtig wider Israel.

2 Und er legte Kriegsvolk in alle festen Städte Juda's und setzte Amtleute im Lande Juda und in den Städten Ephraims, die sein Vater Asa gewonnen hatte.

3 Und der HERR war mit Josaphat; denn er wandelte in den vorigen Wegen seines Vaters David und suchte nicht die Baalim,

4 sondern den Gott seines Vaters, und wandelte in seinen Geboten und nicht nach den Werken Israels.

5 Darum bestätigte ihm der HERR das Königreich; und ganz Juda gab Josaphat Geschenke, und er hatte Reichtum und Ehre die Menge.

6 Und da sein Herz mutig ward in den Wegen des HERRN, tat er fürder ab die Höhen und Ascherabilder aus Juda.

7 Im dritten Jahr seines Königreichs sandte er seine Fürsten Ben-Hail, Obadja, Sacharja, Nathanael und Michaja, daß sie lehren sollten in den Städten Juda's;

8 und mit ihnen die Leviten Semaja, Nethanja, Sebadja, Asael, Semiramoth, Jonathan, Adonia, Tobia und Tob-Adonia; und mit ihnen die Priester Elisama und Joram.

9 Und sie lehrten in Juda und hatten das Gesetzbuch des HERRN mit sich und zogen umher in allen Städten Juda's und lehrten das Volk.

10 Und es kam die Furcht des HERRN über alle Königreiche in den Landen, die um Juda her lagen, daß sie nicht stritten wider Josaphat.

11 Und die Philister brachten Josaphat Geschenke, eine Last Silber; und die Araber brachten ihm siebentausend und siebenhundert Widder und siebentausend und siebenhundert Böcke.

12 Also nahm Josaphat zu und ward immer

größer; und er baute in Juda Burgen und Kornstädte

13 und hatte viel Vorrat in den Städten Juda's und streitbare Männer und gewaltige Leute zu Jerusalem.

14 Und dies war die Ordnung nach ihren Vaterhäusern: in Juda waren Oberste über tausend: Adna, ein Oberster und mit ihm waren dreihunderttausend gewaltige Männer;

15 Neben ihm war Johanan, der Oberste, und mit ihm waren zweihundertachtzigtausend;

16 neben ihm war Amasja, der Sohn Sichris, der Freiwillige des HERRN, und mit ihm waren zweihunderttausend gewaltige Männer;

17 und von den Kindern Benjamin war Eljada, ein gewaltiger Mann, und mit ihm waren zweihunderttausend, die mit Bogen und Schild gerüstet waren;

18 neben ihm war Josabad, und mit ihm waren hundertachtzigtausend Gerüstete zum Heer.

19 Diese dienten alle dem König, außer denen, die der König noch gelegt hatte in die festen Städte im ganzen Juda.

18. Kapitel

*Josaphats Zug mit Ahab gegen die Syrer.
Micha weissagt Niederlage. Ahabs Untergang.*

1 Und Josaphat hatte große Reichtümer und

Ehre und verschwägerte sich mit Ahab.

2 Und nach etlichen Jahren zog er hinab zu Ahab gen Samaria. Und Ahab ließ ihn für das Volk, das bei ihm war, viel Schafe und Ochsen schlachten. Und er beredete ihn, daß er hinauf gen Ramoth in Gilead zöge.

3 Und Ahab, der König Israels, sprach zu Josaphat, dem König Juda's: Zieh mit mir gen Ramoth in Gilead! Er sprach zu ihm: Ich bin wie du, und mein Volk wie dein Volk; wir wollen mit dir in den Streit.

4 Aber Josaphat sprach zum König Israels: Frage doch heute des HERRN Wort!

5 Und der König Israels versammelte vierhundert Mann und sprach zu ihnen: Sollen wir gen Ramoth in Gilead ziehen in den Streit, oder soll ich's anstehen lassen? Sie sprachen: Zieh hinauf! Gott wird sie in deine Hand geben.

6 Josaphat aber sprach: Ist nicht irgend noch ein Prophet des HERRN hier, daß wir durch ihn fragen?

7 Der König Israels sprach zu Josaphat: Es ist noch ein Mann, daß man den HERRN durch ihn frage, aber ich bin ihm gram; denn er weissagt über mich kein Gutes, sondern allewege Böses, nämlich Micha, der Sohn Jemlas. Josaphat sprach: der König rede nicht also.

8 Und der König Israels rief einen seiner Kämmerer und sprach: Bringe eilend her Micha, den Sohn Jemlas!

9 Und der König Israels und Josaphat, der König

Juda's, saßen ein jeglicher auf seinem Stuhl, mit ihren Kleidern angezogen. Sie saßen aber auf dem Platz vor der Tür am Tor zu Samaria; und alle Propheten weissagten vor ihnen.

10 Und Zedekia, der Sohn Knaenas, machte sich eiserne Hörner und sprach: So spricht der HERR: Hiermit wirst du die Syrer stoßen, bis du sie aufreibst.

11 Und alle Propheten weissagten auch also und sprachen: Zieh hinauf gen Ramoth in Gilead! es wird dir gelingen; der HERR wird sie geben in des Königs Hand.

12 Und der Bote, der hingegangen war, Micha zu rufen, redete mit ihm und sprach: Siehe, der Propheten Reden sind einträchtig gut für den König; laß doch dein Wort auch sein wie derselben eines und rede Gutes.

13 Micha aber sprach: So wahr der HERR lebt, was mein Gott sagen wird, das will ich reden.

14 Und da er zum König kam, sprach der König zu ihm: Micha, sollen wir gen Ramoth in Gilead in den Streit ziehen, oder soll ich's lassen anstehen? Er sprach: Ja, ziehet hinauf! es wird euch gelingen; es wird euch in eure Hände gegeben werden.

15 Aber der König sprach zu ihm: Ich beschwöre dich noch einmal, daß du mir nichts denn die Wahrheit sagst im Namen des HERRN.

16 Da sprach er: Ich sehe das ganze Israel zerstreut auf den Bergen wie Schafe, die keinen Hirten haben. Und der HERR sprach: Diese

haben keinen HERRN; es kehre ein jeglicher wieder heim mit Frieden.

17 Da sprach der König Israels zu Josaphat: Sagte ich dir nicht: Er weissagt über mich kein Gutes, sondern Böses?

18 Er aber sprach: Darum höret des HERRN Wort! Ich sah den HERRN sitzen auf seinem Stuhl, und alles Himmlische Heer stand zu seiner Rechten und zu seiner Linken.

19 Und der HERR sprach: Wer will Ahab, den König Israels, überreden, daß er hinaufziehe und falle zu Ramoth in Gilead? Und da dieser so und jener anders sagte,

20 kam ein Geist hervor und trat vor den HERRN und sprach: Ich will ihn überreden. Der HERR aber sprach zu ihm: Womit?

21 Er sprach: Ich will ausfahren und ein falscher Geist sein in aller Propheten Mund. Und er sprach: Du wirst ihn überreden und wirst es ausrichten; fahre hin und tue also!

22 Nun siehe, der HERR hat einen falschen Geist gegeben in dieser deiner Propheten Mund, und der HERR hat Böses wider dich geredet.

[Und nun, siehe, der HERR hat einen Lügengeist in den Mund dieser deiner Propheten gegeben, denn der HERR hat Unheil über dich geredet. (3)]

[denn der HERR hat Unglück für dich beschlossen. (4)]

23 Da trat herzu Zedekia, der Sohn Knaenas,

und schlug Micha auf den Backen und sprach: Welchen Weg ist der Geist des HERRN von mir gegangen, daß er durch dich redete?

24 Micha sprach: Siehe, du wirst es sehen des Tages, wenn du von einer Kammer in die andere gehen wirst, daß du dich versteckst.

25 Aber der König Israels sprach: Nehmt Micha und laßt ihn bleiben bei Amon, dem Stadtvogt, und bei Joas, dem Sohn des Königs,

26 und sagt: So spricht der König: Legt diesen ins Gefängnis und speist ihn mit Brot und Wasser der Trübsal, bis ich wiederkomme mit Frieden.

27 Micha sprach: Kommst du mit Frieden wieder, so hat der HERR nicht durch mich geredet. Und er sprach: Höret, ihr Völker alle!

28 Also zog hinauf der König Israels und Josaphat, der König Juda's, gen Ramoth in Gilead.

29 Und der König Israels sprach zu Josaphat: Ich will mich verkleiden und in den Streit kommen; du aber habe deine Kleider an. Und der König Israels verkleidete sich, und sie kamen in den Streit.

30 Aber der König von Syrien hatte den Obersten über seine Wagen geboten: Ihr sollt nicht streiten, weder gegen klein noch gegen groß, sondern gegen den König Israels allein.

31 Da nun die Obersten der Wagen Josaphat sahen, dachten sie: Es ist der König Israels! und umringten ihn, wider ihn zu streiten. Aber Josaphat schrie; und der HERR half ihm, und Gott

wandte sie von ihm.

32 Denn da die Obersten der Wagen sahen, daß er nicht der König Israels war, wandten sie sich von ihm ab.

33 Es spannte aber ein Mann seinen Bogen von ungefähr und schoß den König Israels zwischen Panzer und Wehrgehänge. Da sprach er zu seinem Fuhrmann: Wende deine Hand und führe mich aus dem Heer, denn ich bin wund!

34 Und der Streit nahm zu des Tages. Und der König Israels stand auf seinem Wagen gegen die Syrer bis an den Abend und starb, da die Sonne unterging.

19. Kapitel

Josaphat, von Jehu wegen seiner Gemeinschaft mit Ahab bestraft, stellt wahren Gottesdienst und gute Rechtspflege her.

1 Josaphat aber, der König Juda's, kam wieder heim mit Frieden gen Jerusalem.

2 Und es gingen ihm entgegen hinaus Jehu, der Sohn Hananis, der Seher, und sprach zum König Josaphat: Sollst du so dem Gottlosen helfen, und lieben, die den HERRN hassen? Und um deswillen ist über dir der Zorn vom HERRN.

3 Aber doch ist etwas Gutes an dir gefunden, daß du die Ascherabilder hast ausgefegt aus dem Lande und hast dein Herz gerichtet, Gott zu

suchen.

4 Also blieb Josaphat zu Jerusalem. Und er zog wiederum aus unter das Volk von Beer-Seba an bis auf das Gebirge Ephraim und brachte sie wieder zu dem HERRN, ihrer Väter Gott.

5 Und er bestellte Richter im Lande in allen festen Städten Juda's, in einer jeglichen Stadt etliche,

6 Und sprach zu den Richtern: Sehet zu, was ihr tut! denn ihr haltet das Gericht nicht den Menschen, sondern dem HERRN; und er ist mit euch im Gericht.

7 Darum laßt die Furcht des HERRN bei euch sein und hütet euch und tut's; denn bei dem HERRN, unserm Gott, ist kein Unrecht noch Ansehen der Person noch Annehmen des Geschenks.

8 Auch bestellte Josaphat zu Jerusalem etliche aus den Leviten und Priestern und aus den Obersten der Vaterhäuser in Israel über das Gericht des HERRN und über die Streitsachen und ließ sie zu Jerusalem wohnen,

9 und er gebot ihnen und sprach: Tut also in der Furcht des HERRN, treulich und mit rechtem Herzen.

10 In allen Sachen, die zu euch kommen von euren Brüdern, die in ihren Städten wohnen, zwischen Blut und Blut, zwischen Gesetz und Gebot, zwischen Sitten und Rechten, sollt ihr sie unterrichten, daß sie sich nicht verschulden am HERRN und ein Zorn über euch und eure Brüder

komme. Tut also, so werdet ihr euch nicht verschulden.

11 Siehe, Amarja, der oberste Priester, ist über euch in allen Sachen des HERRN, und Sebadja, der Sohn Ismaels, der Fürst im Hause Juda's, in allen Sachen des Königs, und als Amtleute habt ihr die Leviten vor euch. Seid getrost und tut's, und der HERR wird mit dem Guten sein.

20. Kapitel

Josaphats Sieg über die Ammoriter und Moabiter; sein Bund mit Ahasja.

1 Nach diesem kamen die Kinder Moab, die Kinder Ammon und mit ihnen auch Meuniter, wider Josaphat zu streiten.

2 Und man kam und sagte es Josaphat an und sprach: Es kommt wider dich eine große Menge von jenseits des Meeres, von Syrien; und siehe, sie sind zu Hazezon-Thamar, das ist Engedi.

3 Josaphat aber fürchtete sich und stellte sein Angesicht, zu suchen den HERRN, und ließ ein Fasten ausrufen unter ganz Juda.

4 Und Juda kam zusammen, den HERRN zu suchen; auch kamen sie aus allen Städten Juda's, den HERRN zu suchen.

5 Und Josaphat trat unter die Gemeinde Juda's und Jerusalems im Hause des HERRN vor dem neuen Hofe

6 und sprach: HERR, unser Väter Gott, bist du nicht Gott im Himmel und Herrscher in allen Königreichen der Heiden? Und in deiner Hand ist Kraft und Macht, und ist niemand, der wider dich zu stehen vermöge.

7 Hast du, unser Gott, nicht die Einwohner dieses Landes vertrieben vor deinem Volk Israel und hast es gegeben dem Samen Abrahams, deines Liebhabers, ewiglich,

8 daß sie darin gewohnt und dir ein Heiligtum für deinen Namen darin gebaut haben und gesagt:

9 Wenn ein Unglück, Schwert, Strafe, Pestilenz oder Teuerung über uns kommt, sollen wir stehen vor diesem Hause vor dir (denn dein Name ist in diesem Hause) und schreien zu dir in unsrer Not, so wollest du hören und helfen?

10 Nun siehe, die Kinder Ammon und Moab und die vom Gebirge Seir, durch welche du die Kinder Israel nicht ziehen ließest, da sie aus Ägyptenland zogen, sondern sie mußten von ihnen weichen und durften sie nicht vertilgen;

11 und siehe, sie lassen uns das entgelten und kommen, uns auszustoßen aus deinem Erbe, das du uns gegeben hast.

12 Unser Gott, willst du sie nicht richten? Denn in uns ist nicht Kraft gegen diesen großen Haufen, der wider uns kommt. Wir wissen nicht, was wir tun sollen; sondern unsre Augen sehen nach dir.

13 Und das ganze Juda stand vor dem HERRN

mit ihren Kindern, Weibern und Söhnen.

14 Aber auf Jahasiel, den Sohn Sacharjas, des Sohnes Benajas, des Sohnes Jehiels, des Sohnes Matthanjas, den Leviten aus den Kindern Asaph, kam der Geist des HERRN mitten in der Gemeinde,

15 und er sprach: Merkt auf, ganz Juda und ihr Einwohner zu Jerusalem und du, König Josaphat! So spricht der HERR zu euch: Ihr sollt euch nicht fürchten noch zagen vor diesem großen Haufen; denn ihr streitet nicht, sondern Gott.

16 Morgen sollt ihr zu ihnen hinabziehen; und siehe, sie ziehen die Höhe von Ziz herauf, und ihr werdet sie treffen, wo das Tal endet, vor der Wüste Jeruel.

17 Aber ihr werdet nicht streiten in dieser Sache. Tretet nur hin und steht und seht das Heil des HERRN, der mit euch ist, Juda und Jerusalem. Fürchtet euch nicht und zaget nicht. Morgen zieht aus wider sie; der HERR ist mit euch.

18 Da beugte sich Josaphat mit seinem Antlitz zur Erde, und ganz Juda und die Einwohner von Jerusalem fielen vor dem HERRN nieder und beteten den HERRN an.

19 Und die Leviten aus den Kindern der Kahathiter, nämlich von den Kindern der Korahiter, machten sich auf, zu loben den HERRN, den Gott Israels, mit lauter Stimme gen Himmel.

20 Und sie machten sich des Morgens früh auf und zogen aus zur Wüste Thekoa. Und da sie

auszogen, stand Josaphat und sprach: Hört mir zu, Juda und ihr Einwohner zu Jerusalem! Glaubet an den HERRN, euren Gott, so werdet ihr sicher sein; und glaubt an seine Propheten, so werdet ihr Glück haben.

21 Und er unterwies das Volk und bestellte die Sänger dem HERRN, daß sie lobten in heiligem Schmuck und vor den Gerüsteten her zögen und sprächen: Danket dem HERRN; denn seine Barmherzigkeit währet ewiglich.

22 Und da sie anfingen mit Danken und Loben, ließ der HERR einen Hinterhalt kommen über die Kinder Ammon und Moab und die auf dem Gebirge Seir, die wider Juda gekommen waren, und sie wurden geschlagen.

23 Da standen die Kinder Ammon wider die vom Gebirge Seir, sie zu verbannen und zu vertilgen. Und da sie die vom Gebirge Seir hatten alle aufgerieben, half einer dem andern zum Verderben.

24 Da aber Juda an die Warte kam an der Wüste, wandten sie sich gegen den Haufen; und siehe, da lagen die Leichname auf der Erde, daß keiner entronnen war.

25 Und Josaphat kam mit seinem Volk, ihren Raub auszuteilen, und sie fanden unter ihnen so viel Güter und Kleider und köstliche Geräte und nahmen sich's, daß es auch nicht zu tragen war. Und teilten drei Tage den Raub aus; denn es war viel.

26 Am vierten Tage aber kamen sie zusammen

im Lobetal; denn daselbst lobten sie den HERRN. Daher heißt die Stätte Lobetal bis auf diesen Tag.

27 Also kehrte jedermann von Juda und Jerusalem wieder um und Josaphat an der Spitze, daß sie gen Jerusalem zögen mit Freuden; denn der HERR hatte ihnen eine Freude gegeben an ihren Feinden.

28 Und sie zogen in Jerusalem ein mit Psaltern, Harfen und Drommeten zum Hause des HERRN.

29 Und die Furcht Gottes kam über alle Königreiche in den Landen, da sie hörten, daß der HERR wider die Feinde Israels gestritten hatte.

30 Also war das Königreich Josaphats still, und Gott gab ihm Ruhe umher.

31 Und Josaphat regierte über Juda und war fünfunddreißig Jahre alt, da er König ward, und regierte fünfundzwanzig Jahre zu Jerusalem. Seine Mutter hieß Asuba, eine Tochter Silhis.

32 Und er wandelte in dem Wege seines Vaters Asa und ließ nicht davon, daß er tat, was dem HERRN wohl gefiel.

33 Nur die Höhen wurden nicht abgetan; denn das Volk hatte sein Herz noch nicht geschickt zu dem Gott ihrer Väter.

34 Was aber mehr von Josaphat zu sagen ist, beides, das erste und das letzte, siehe, das ist geschrieben in den Geschichten Jehus, des Sohnes Hananis, die aufgenommen sind ins Buch der Könige Israels.

35 Darnach vereinigte sich Josaphat, der König

Juda's, mit Ahasja, dem König Israels, welcher war gottlos in seinem Tun.

36 Und er vereinigte sich mit ihm, Schiffe zu machen, daß sie aufs Meer führen; und sie machten Schiffe zu Ezeon-Geber.

37 Aber Elieser, der Sohn Dodavas von Maresa, weissagte wider Josaphat und sprach: Darum daß du dich mit Ahasja vereinigt hast, hat der HERR deine Werke zerrissen. Und die Schiffe wurden zerbrochen und konnten nicht aufs Meer fahren.

21. Kapitel

Jorams Gottlose Regierung; Abfall der Edomiter; Brief Elias; Jorams Tod.

1 Und Josaphat entschlief mit seinen Vätern und ward begraben bei seinen Vätern in der Stadt Davids. Und sein Sohn Joram ward König an seiner Statt.

2 Und er hatte Brüder, Josaphats Söhne: Asarja, Jehiel, Sacharja, Asarja, Michael und Sephatja; diese alle waren Kinder Josaphats, des Königs in Juda.

3 Und ihr Vater gab ihnen viel Gaben von Silber, Gold und Kleinoden, mit festen Städten in Juda; aber das Königreich gab er Joram, denn er war der Erstgeborene.

4 Da aber Joram aufkam über das Königreich

seines Vaters und mächtig ward, erwürgte er seine Brüder alle mit dem Schwert, dazu auch etliche Oberste in Israel.

5 Zweiunddreißig Jahre alt war Joram, da er König ward, und regierte acht Jahre zu Jerusalem

6 und wandelte in dem Wege der Könige Israels, wie das Haus Ahab getan hatte; denn Ahabs Tochter war sein Weib. Und er tat, was dem HERRN übel gefiel;

7 aber der HERR wollte das Haus David nicht verderben um des Bundes willen, den er mit David gemacht hatte, und wie er verheißen hatte, ihm eine Leuchte zu geben und seinen Kindern immerdar.

8 Zu seiner Zeit fielen die Edomiter ab von Juda und machten über sich einen König.

9 Da zog Joram hinüber mit seinen Obersten und alle Wagen mit ihm und machte sich des Nachts auf und schlug die Edomiter um ihn her und die Obersten der Wagen.

10 Doch blieben die Edomiter abtrünnig von Juda bis auf diesen Tag. Zur selben Zeit fiel Libna auch von ihm ab; denn er verließ den HERRN, seiner Väter Gott.

11 Auch machte er Höhen auf den Bergen in Juda und machte die zu Jerusalem abgöttisch und verführte Juda.

12 Es kam aber Schrift zu ihm von dem Propheten Elia, die lautete also: So spricht der HERR, der Gott deines Vaters David: Darum daß du nicht gewandelt hast in den Wegen deines

Vaters Josaphat noch in den Wegen Asas, des Königs in Juda,

13 sondern wandelst in dem Wege der Könige Israels und machst Juda und die zu Jerusalem abgöttisch nach der Abgötterei des Hauses Ahab, und hast dazu deine Brüder, deines Vaters Haus, erwürgt, die besser waren als du:

14 siehe, so wird dich der HERR mit einer großen Plage schlagen an deinem Volk, an deinen Kindern, an deinen Weibern und an aller deiner Habe;

15 du aber wirst viel Krankheit haben in deinem Eingeweide, bis daß dein Eingeweide vor Krankheit herausgehe in Jahr und Tag.

16 Also erweckte der HERR wider Joram den Geist der Philister und Araber, die neben den Mohren wohnen;

17 und sie zogen herauf und brachen ein in Juda und führten weg alle Habe, die vorhanden war im Hause des Königs, dazu seine Söhne und seine Weiber, daß ihm kein Sohn übrigblieb, außer Joahas, sein jüngster Sohn.

18 Und nach alledem plagte ihn der HERR in seinem Eingeweide mit solcher Krankheit, die nicht zu heilen war.

19 Und das währte von Tag zu Tag, als die Zeit zweier Jahre um war, ging sein Eingeweide von ihm in seiner Krankheit, und er starb in schlimmen Schmerzen. Und sie machten ihm keinen Brand, wie sie seinen Vätern getan hatten.

Das 2. Buch der Chronik

20 Zweiunddreißig Jahre alt war er, da er König ward, und regierte acht Jahre zu Jerusalem und wandelte, daß es nicht fein war. Und sie begruben ihn in der Stadt Davids, aber nicht in der Könige Gräbern.

22. Kapitel

Ahasjas schlechte Regierung und Untergang. Seiner Mutter Athaljas Mordtat.

1 Und die zu Jerusalem machten zum König Ahasja, seinen jüngsten Sohn, an seiner Statt. Denn die Kriegsleute, die aus den Arabern zum Lager kamen, hatten die ersten alle erwürgt; darum ward König Ahasja, der Sohn Jorams, des Königs in Juda.
2 Zweiundzwanzig Jahre alt war Ahasja, da er König ward, und regierte ein Jahr zu Jerusalem. Seine Mutter hieß Athalja, die Tochter Omris.
3 Und er wandelte auch in den Wegen des Hauses Ahab; denn sein Mutter hielt ihn dazu, daß er gottlos war.
4 Darum tat er, was dem HERRN übel gefiel, wie das Haus Ahab. Denn sie waren seine Ratgeber nach seines Vaters Tode, daß sie ihn verderbten.
5 Und er wandelte nach ihrem Rat. Und er zog hin mit Joram, dem Sohn Ahabs, dem König Israels, in den Streit gen Ramoth in Gilead wider

Hasael, den König von Syrien. Aber die Syrer schlugen Joram,

6 daß er umkehrte, sich heilen zu lassen zu Jesreel; denn er hatte Wunden, die ihm geschlagen waren zu Rama, da er stritt mit Hasael, dem König von Syrien. Und Ahasja, der Sohn Jorams, der König Juda's, zog hinab, zu besuchen Joram, den Sohn Ahabs, zu Jesreel, der krank lag.

7 Denn es war von Gott Ahasja der Unfall zugefügt, daß er zu Joram käme und also mit Joram auszöge wider Jehu, den Sohn Nimsis, welchen der HERR gesalbt hatte, auszurotten das Haus Ahab.

8 Da nun Jehu Strafe übte am Hause Ahab, fand er etliche Oberste aus Juda und die Kinder der Brüder Ahasjas, die Ahasja dienten, und erwürgte sie.

9 Und er suchte Ahasja, und sie fingen ihn, da er sich versteckt hatte zu Samaria. Und er ward zu Jehu gebracht; der tötete ihn, und man begrub ihn. Denn sie sprachen: Er ist Josaphats Sohn, der nach dem HERRN trachtete von ganzem Herzen. Und es war niemand mehr aus dem Hause Ahasja, der tüchtig war zum Königreich.

10 Da aber Athalja, die Mutter Ahasjas, sah, daß ihr Sohn tot war, machte sie sich auf und brachte um alle vom königlichen Geschlecht im Hause Juda.

11 Aber Josabeath, die Königstochter, nahm

Joas, den Sohn Ahasjas, und stahl ihn unter den Kindern des Königs, die getötet wurden, und tat ihn mit seiner Amme in die Bettkammer. Also verbarg ihn Josabeath, die Tochter des Königs Joram, des Priesters Jojada Weib (denn sie war Ahasjas Schwester), vor Athalja, daß er nicht getötet ward.

12 Und er war bei ihnen im Hause Gottes versteckt sechs Jahre, solange Athalja Königin war im Lande.

23. Kapitel

Joas wird vom Priester Jojada zum König gesalbt; Athalja getötet und der Baalsdienst zerstört.

1 Aber im siebenten Jahr faßte Jojada einen Mut und nahm die Obersten über hundert, nämlich Asarja, den Sohn Jerohams, Ismael, den Sohn Johanans, Asarja, den Sohn Obeds, Maaseja, den Sohn Adajas, und Elisaphat, den Sohn Sichris, mit sich zum Bund.

2 Die zogen umher in Juda und brachten die Leviten zuhauf aus allen Städten Juda's und die Obersten der Vaterhäuser in Israel, daß sie kämen gen Jerusalem.

3 Und die ganze Gemeinde machte einen Bund im Hause Gottes mit dem König. Und er sprach zu ihnen: Siehe des Königs Sohn soll König sein, wie der HERR geredet hat über die Kinder

Davids.

4 So sollt ihr also tun: Der dritte Teil von euch, die des Sabbats antreten von den Priestern und Leviten, sollen die Torhüter sein an der Schwelle,

5 und der dritte Teil im Hause des Königs, und der dritte Teil am Grundtor; aber alles Volk soll sein in den Höfen am Hause des HERRN.

6 Und daß niemand in das Haus des HERRN gehe; nur die Priester und Leviten, die da dienen, die sollen hineingehen, denn sie sind heilig, und alles Volk tue nach dem Gebot des HERRN.

7 Und die Leviten sollen sich rings um den König her machen, ein jeglicher mit seiner Wehr in der Hand, und wer ins Haus geht, der sei des Todes, und sie sollen bei dem König sein, wenn er aus und ein geht.

8 Und die Leviten und ganz Juda taten, wie der Priester Jojada geboten hatte, und nahm ein jeglicher seine Leute, die des Sabbats antraten, mit denen, die des Sabbats abtraten. Denn Jojada, der Priester, ließ die Ordnungen nicht auseinander gehen.

9 Und Jojada, der Priester, gab den Obersten über hundert die Spieße und Schilde und Waffen des Königs David, die im Hause Gottes waren,

10 und stellte alles Volk, einen jeglichen mit seiner Waffe in der Hand, von dem rechten Winkel des Hauses bis zum linken Winkel, zum

Altar und zum Hause hin um den König her.

11 Und sie brachten des Königs Sohn hervor und setzten ihm die Krone auf und gaben ihm das Zeugnis und machten ihn zum König. Und Jojada samt seinen Söhnen salbten ihn und sprachen: Glück zu dem König!

12 Da aber Athalja hörte das Geschrei des Volkes, das zulief und den König lobte, ging sie zum Volk im Hause des HERRN.

13 Und sie sah, und siehe, der König stand an seiner Stätte am Eingang und die Obersten und die Drommeten um den König; und alles Volk des Landes war fröhlich, und man blies Drommeten, und die Sänger mit allerlei Saitenspiel sangen Lob. Da zerriß sie ihre Kleider und rief: Aufruhr, Aufruhr!

14 Aber Jojada, der Priester, machte sich heraus mit den Obersten über hundert, die über das Heer waren, und sprach zu ihnen: Führt sie zwischen den Reihen hinaus; und wer ihr nachfolgt, den soll man mit dem Schwert töten! Denn der Priester hatte befohlen, man sollte sie nicht töten im Hause des HERRN.

15 Und sie machten Raum zu beiden Seiten; und da sie kam zum Eingang des Roßtors am Hause des Königs, töteten sie sie daselbst.

16 Und Jojada machte einen Bund zwischen ihm und allem Volk und dem König, daß sie des HERRN Volk sein sollten.

17 Da ging alles Volk ins Haus Baals und brachen es ab, und seine Altäre und Bilder

zerbrachen sie, und erwürgten Matthan, den Priester Baals, vor den Altären.

18 Und Jojada bestellte die Ämter im Hause des HERRN unter den Priestern und den Leviten, die David verordnet hatte zum Hause des HERRN, Brandopfer zu tun dem HERRN, wie es geschrieben steht im Gesetz Mose's, mit Freuden und mit Lieder, die David gedichtet,

19 und stellte Torhüter in die Tore am Hause des HERRN, daß niemand hineinkäme, der sich verunreinigt hätte an irgend einem Dinge.

20 Und er nahm die Obersten über hundert und die Mächtigen und Herren im Volk und alles Volk des Landes und führte den König hinab vom Hause des HERRN, und sie brachten ihn durch das hohe Tor am Hause des Königs und ließen den König sich auf den königlichen Stuhl setzen.

21 Und alles Volk des Landes war fröhlich, und die Stadt war still; aber Athalja ward mit dem Schwert erwürgt.

24. Kapitel

Des Königs Joas löbliche Taten.
Abgötterei, Strafe und Tod.

1 Joas war sieben Jahre alt, da er König ward, und regierte vierzig Jahre zu Jerusalem. Seine Mutter hieß Zibja von Beer-Seba.

2 Und Joas tat, was dem HERRN wohl gefiel, solange der Priester Jojada lebte.

3 Und Jojada gab ihm zwei Weiber, und er zeugte Söhne und Töchter.

4 Darnach nahm sich Joas vor, das Haus des HERRN zu erneuern,

5 und versammelte die Priester und Leviten und sprach zu ihnen: Ziehet aus zu allen Städten Juda's und sammelt Geld aus ganz Israel, das Haus eures Gottes zu bessern jährlich, und eilet, solches zu tun. Aber die Leviten eilten nicht.

6 Da rief der König Jojada, den Vornehmsten, und sprach zu ihm: Warum hast du nicht acht auf die Leviten, daß sie einbringen von Juda und Jerusalem die Steuer, die Mose, der Knecht des HERRN, gesetzt hat, die man sammelte unter Israel zu der Hütte des Stifts?

7 Denn die gottlose Athalja und ihre Söhne haben das Haus Gottes zerrissen, und alles, was zum Hause des HERRN geheiligt war, haben sie an die Baalim gebracht.

8 Da befahl der König, daß man eine Lade machte und setzte sie außen ins Tor am Hause des HERRN,

9 und ließ ausrufen in Juda und zu Jerusalem, daß man dem HERRN einbringen sollte die Steuer, die von Mose, dem Knecht Gottes, auf Israel gelegt war in der Wüste.

10 Da freuten sich alle Obersten und alles Volk und brachten's und warfen's in die Lade, bis sie voll ward.

11 Und wenn's Zeit war, daß man die Lade herbringen sollte durch die Leviten nach des Königs Befehl (wenn sie sahen, daß viel Geld darin war), so kam der Schreiber des Königs und wer vom vornehmsten Priester Befehl hatte, und schüttete die Lade aus und trugen sie wieder an ihren Ort. So taten sie alle Tage, daß sie Geld die Menge zuhauf brachten.

12 Und der König und Jojada gaben's den Werkmeistern, die da schaffen am Hause des HERRN; dieselben dingten Steinmetzen und Zimmerleute, zu erneuern das Haus des HERRN; auch Meister in Eisen und Erz, zu bessern das Haus des HERRN.

13 Und die Arbeiter arbeiteten, daß die Besserung im Werk zunahm durch ihre Hand, und machten das Haus Gottes ganz fertig und wohl zugerichtet.

14 Und da sie es vollendet hatten, brachten sie das übrige Geld vor den König und Jojada; davon machte man Gefäße zum Hause des HERRN, Gefäße zum Dienst und zu Brandopfern, Löffel und goldene und silberne Geräte. Und sie opferten Brandopfer bei dem Hause des HERRN allewege, solange Jojada lebte.

15 Und Jojada ward alt und des Lebens satt und starb, und war hundertunddreißig Jahre alt, da er starb.

16 Und sie begruben ihn in der Stadt Davids unter die Könige, darum daß er hatte wohl getan an Israel und an Gott und seinem Hause.

Das 2. Buch der Chronik

17 Und nach dem Tode Jojadas kamen die Obersten von Juda und bückten sich vor dem König; da hörte der König auf sie.

18 Und sie verließen das Haus des HERRN, des Gottes ihrer Väter, und dienten den Ascherabildern und Götzen. Da kam der Zorn über Juda und Jerusalem um dieser ihrer Schuld willen.

19 Er sandte aber Propheten zu ihnen, daß sie sich zu dem HERRN bekehren sollten, und die zeugten wider sie; aber sie nahmen's nicht zu Ohren.

20 Und der Geist Gottes erfüllte Sacharja, den Sohn Jojadas, des Priesters. Der trat oben über das Volk und sprach zu ihnen: So spricht Gott: Warum übertretet ihr die Gebote des HERRN und wollt kein Gelingen haben? Denn ihr habt den HERRN verlassen, so wird er euch wieder verlassen.

21 Aber sie machten einen Bund wider ihn und steinigten ihn, nach dem Gebot des Königs, im Hofe am Hause des HERRN.

22 Und der König Joas gedachte nicht an die Barmherzigkeit, die Jojada, sein Vater, an ihm getan hatte, sondern erwürgte seinen Sohn. Da er aber starb, sprach er: Der HERR wird's sehen und heimsuchen.

23 Und da das Jahr um war, zog herauf das Heer der Syrer, und sie kamen gen Juda und Jerusalem und brachten um alle Obersten im Volk, und allen ihren Raub sandten sie dem König zu Damaskus.

24 Denn der Syrer Macht kam mit wenig Männer; doch gab der HERR in ihre Hand eine sehr große Macht, darum daß sie den HERRN, den Gott ihrer Väter, verlassen hatten. Auch übten sie an Joas Strafe.

25 Und da sie von ihm zogen, ließen sie ihn in großer Krankheit zurück. Es machten aber seine Knechte einen Bund wider ihn um des Blutes willen der Kinder Jojadas, des Priesters, und erwürgten ihn auf seinem Bett, und er starb. Und man begrub ihn in der Stadt Davids, aber nicht in der Könige Gräbern.

26 Die aber den Bund wider ihn machten, waren diese: Sabad, der Sohn Simeaths, der Ammonitin, und Josabad, der Sohn Simriths, der Moabitin.

27 Aber seine Söhne und die Summe, die unter ihm gesammelt ward, und der Bau des Hauses Gottes, siehe, die sind geschrieben in der Historie im Buche der Könige. Und sein Sohn Amazja ward König an seiner Statt.

25. Kapitel

Amazja König in Juda.

1 Fünfundzwanzig Jahre alt war Amazja, da er König ward, und regierte neunundzwanzig Jahre zu Jerusalem. Seine Mutter hieß Joaddan von Jerusalem.

2 Und er tat, was dem HERRN wohl gefiel, doch nicht von ganzem Herzen.

3 Da nun sein Königreich bekräftigt war, erwürgte er seine Knechte, die den König, seinen Vater, geschlagen hatten.

4 Aber ihre Kinder tötete er nicht; denn also steht's im Gesetz, im Buch Mose's, da der HERR gebietet und spricht: Die Väter sollen nicht sterben für die Kinder noch die Kinder für die Väter; sondern ein jeglicher soll um seiner Sünde willen sterben.

5 Und Amazja brachte zuhauf Juda und stellte sie nach ihren Vaterhäusern, nach den Obersten über tausend und über hundert unter ganz Juda und Benjamin, und zählte sie von zwanzig Jahren und darüber und fand ihrer dreihunderttausend auserlesen, die ins Heer ziehen und Spieß und Schild führen konnten.

6 Dazu nahm er aus Israel hunderttausend starke Kriegsleute um hundert Zentner Silber.

7 Es kam aber ein Mann Gottes zu ihm und sprach: König, laß nicht das Heer Israels mit dir kommen; denn der HERR ist nicht mit Israel, mit allen Kindern Ephraim;

8 sondern ziehe du hin, daß du Kühnheit beweisest im Streit. Sollte Gott dich fallen lassen vor deinen Feinden? Denn bei Gott steht die Kraft zu helfen und fallen zu lassen.

9 Amazja sprach zum Mann Gottes: Was soll man denn tun mit den hundert Zentnern, die ich den Kriegsknechten von Israel gegeben habe?

Der Mann Gottes sprach: Der HERR hat noch mehr, das er dir geben kann, denn dies.

10 Da sonderte Amazja die Kriegsleute ab, die zu ihm aus Ephraim gekommen waren, daß sie an ihren Ort hingingen. Da ergrimmte ihr Zorn wider Juda sehr, und sie zogen wieder an ihren Ort mit grimmigem Zorn.

11 Und Amazja ward getrost und führte sein Volk aus und zog aus ins Salztal und schlug die Kinder von Seir zehntausend.

12 Und die Kinder Juda fingen ihrer zehntausend lebendig; die führten sie auf die Spitze eines Felsen und stürzten sie von der Spitze des Felsens, daß sie alle zerbarsten.

13 Aber die Kriegsknechte, die Amazja hatte wiederum lassen ziehen, daß sie nicht mit seinem Volk zum Streit zögen, fielen ein in die Städte Juda's, von Samaria an bis gen Beth-Horon, und schlugen ihrer dreitausend und nahmen viel Raub.

14 Und da Amazja wiederkam von der Edomiter Schlacht, brachte er die Götter der Kinder Seir und stellte sie sich zu Göttern und betete an vor ihnen und räucherte ihnen.

15 Da ergrimmte der Zorn des HERRN über Amazja, und er sandte den Propheten zu ihm; der sprach zu ihm: Warum suchst du die Götter des Volks, die ihr Volk nicht konnten erretten von deiner Hand?

16 Und da er mit ihm redete, sprach er zu ihm: Hat man dich zu des Königs Rat gemacht? Höre

auf; warum willst du geschlagen sein? Da hörte der Prophet auf und sprach: Ich merke wohl, daß Gott sich beraten hat, dich zu verderben, weil du solches getan hast und gehorchst meinem Rat nicht.

17 Und Amazja, der König Juda's, ward Rats und sandte hin zu Joas, dem Sohn des Joahas, des Sohnes Jehus, dem König Israels, und ließ ihm sagen: Komm, wir wollen uns miteinander messen!

18 Aber Joas, der König Israels, sandte zu Amazja, dem König Juda's, und ließ ihm sagen: Der Dornstrauch im Libanon sandte zur Zeder im Libanon und ließ ihr sagen: Gib deine Tochter meinem Sohn zum Weibe! Aber das Wild im Libanon lief über den Dornstrauch und zertrat ihn.

19 Du gedenkst: Siehe, ich habe die Edomiter geschlagen; des überhebt sich dein Herz, und du suchst Ruhm. Nun bleib daheim! Warum ringst du nach Unglück, daß du fallest und Juda mit dir?

20 Aber Amazja gehorchte nicht; denn es geschah von Gott, daß sie dahingegeben würden, darum daß sie die Götter der Edomiter gesucht hatten.

21 Da zog Joas, der König Israels, herauf; und sie maßen sich miteinander, er und Amazja, der König Juda's, zu Beth-Semes, das in Juda liegt.

22 Aber Juda ward geschlagen vor Israel, und sie flohen, ein jeglicher in seine Hütte.

23 Aber Amazja, den König in Juda, den Sohn des Joas, griff Joas, der Sohn des Joahas, der König über Israel, zu Beth-Semes und brachte ihn gen Jerusalem und riß ein die Mauer zu Jerusalem vom Tor Ephraim an bis an das Ecktor, vierhundert Ellen lang.

24 Und alles Gold und Silber und alle Gefäße, die vorhanden waren im Hause Gottes bei Obed-Edom und in dem Schatz im Hause des Königs, und die Geiseln nahm er mit sich gen Samaria.

25 Und Amazja, der Sohn des Joas, der König in Juda, lebte nach dem Tode des Joas, des Sohnes Joahas, des Königs über Israel, fünfzehn Jahre.

26 Was aber mehr von Amazja zu sagen ist, das erste und das letzte, siehe, das ist geschrieben im Buch der Könige Juda's und Israels.

27 Und von der Zeit an, da Amazja von dem HERRN wich, machten sie einen Bund wider ihn zu Jerusalem; er aber floh gen Lachis. Da sandten sie ihm nach gen Lachis und töteten ihn daselbst.

28 Und sie brachten ihn auf Rossen und begruben ihn bei seinen Vätern in der Stadt Juda's.

Das 2. Buch der Chronik

26. Kapitel

Usia oder Asarja regiert zuerst gut und glücklich, wird aber übermütig und mit dem Aussatz bestraft.

1 Da nahm das ganze Volk Juda Usia, der war sechzehn Jahre alt, und machten ihn zum König an seines Vaters Statt,

2 Derselbe baute Eloth und brachte es wieder an Juda, nachdem der König entschlafen war mit seinen Vätern.

3 Sechzehn Jahre alt war Usia, da er König ward, und regierte zweiundfünfzig Jahre zu Jerusalem. Seine Mutter hieß Jecholja von Jerusalem.

4 Und er tat, was dem HERRN wohl gefiel, wie sein Vater Amazja getan hatte.

5 Und er suchte Gott, solange Sacharja lebte, der Lehrer in den Gesichten Gottes; und solange er den HERRN suchte, ließ es ihm Gott gelingen.

6 Denn er zog aus und stritt wider die Philister und riß nieder die Mauer zu Gath und die Mauer zu Jabne und die Mauer zu Asdod und baute Städte um Asdod und unter den Philistern.

7 Denn Gott half ihm wider die Philister, wider die Araber, die zu Gur-Baal wohnten, und wider die Meuniter.

8 Und die Ammoniter gaben Usia Geschenke, und er ward berühmt so weit, bis man kommt nach Ägypten; denn er ward immer stärker und stärker.

9 Und Usia baute Türme zu Jerusalem am Ecktor und am Taltor und am Winkel und befestigte sie.

10 Er baute auch Türme in der Wüste und grub viele Brunnen. Denn er hatte viel Vieh, sowohl in den Auen als auf den Ebenen, auch Ackerleute und Weingärtner an den Bergen und am Karmel; denn er hatte Lust zum Ackerwerk.

11 Und Usia hatte eine Macht zum Streit, die ins Heer zogen, von Kriegsknechten, in der Zahl gerechnet durch Jeiel, den Schreiber, und Maaseja, den Amtmann, unter der Hand Hananjas aus den Obersten des Königs.

12 Und die Zahl der Häupter der Vaterhäuser unter den starken Kriegern war zweitausend und sechshundert,

13 und unter ihrer Hand die Heeresmacht dreihunderttausend und siebentausend und fünfhundert, zum Streit geschickt in Heereskraft, zu helfen dem König wider die Feinde.

14 Und Usia schaffte ihnen für das ganze Heer Schilde, Spieße, Helme, Panzer, Bogen und Schleudersteine

15 und machte zu Jerusalem kunstvolle Geschütze, die auf den Türmen und Ecken sein sollten, zu schießen mit Pfeilen und großen Steinen. Und sein Name kam weit aus, darum daß ihm wunderbar geholfen ward, bis er mächtig ward.

16 Und da er mächtig geworden war, überhob sich sein Herz zu seinem Verderben; denn er

vergriff sich an dem HERRN, seinem Gott, und ging in den Tempel des HERRN, zu räuchern auf dem Räucheraltar.

17 Aber Asarja, der Priester, ging ihm nach und achtzig Priester des HERRN mit ihm, ansehnliche Leute,

18 und standen wider Usia, den König, und sprachen zu ihm: Es gebührt dir, Usia, nicht, zu räuchern dem HERRN, sondern den Priestern, Aarons Kindern, die zu räuchern geheiligt sind. Gehe heraus aus dem Heiligtum; denn du vergreifst dich, und es wird dir keine Ehre sein vor Gott dem HERRN.

19 Aber Usia ward zornig und hatte ein Räuchfaß in der Hand. Und da er mit den Priestern zürnte, fuhr der Aussatz aus an seiner Stirn vor den Priestern im Hause des HERRN, vor dem Räucheraltar.

20 Und Asarja, der oberste Priester, wandte das Haupt zu ihm und alle Priester, und siehe, da war er aussätzig an seiner Stirn; und sie stießen ihn von dannen. Er eilte auch selbst, herauszugehen; denn seine Plage war vom HERRN.

21 Also war Usia, der König, aussätzig bis an seinen Tod und wohnte in einem besonderen Hause aussätzig; denn er ward verstoßen vom Hause des HERRN. Jotham aber, sein Sohn, stand des Königs Hause vor und richtete das Volk im Lande.

22 Was aber mehr von Usia zu sagen ist,

beides, das erste und das letzte, hat beschrieben der Prophet Jesaja, der Sohn des Amoz.

23 Und Usia entschlief mit seinen Vätern, und sie begruben ihn bei seinen Vätern im Acker bei dem Begräbnis der Könige; denn sie sprachen: Er ist aussätzig. Und Jotham, sein Sohn, ward König an seiner Statt.

27. Kapitel

Jothams gute und glückliche Regierung.

1 Jotham war fünfundzwanzig Jahre alt, da er König ward, und regierte sechzehn Jahre zu Jerusalem. Seine Mutter hieß Jerusa, eine Tochter Zadoks.

2 Und er tat, was dem HERRN wohl gefiel, ganz wie sein Vater Usia getan hatte, nur ging er nicht in den Tempel des HERRN; das Volk aber verderbte sich noch immer.

3 Er baute das obere Tor am Hause des HERRN, und an der Mauer des Ophel baute er viel,

4 und baute die Städte auf dem Gebirge Juda, und in den Wäldern baute er Burgen und Türme.

5 Und er stritt mit dem König der Kinder Ammon, und ward ihrer mächtig, daß ihm die Kinder Ammon dasselbe Jahr gaben hundert Zentner Silber, zehntausend Kor Weizen und zehntausend Kor Gerste. So viel gaben ihm die Kinder Ammon auch im zweiten und im dritten

Jahr.

6 Also ward Jotham mächtig; denn er richtete seine Wege vor dem HERRN, seinem Gott.

7 Was aber mehr von Jotham zu sagen ist und alle seine Streite und seine Wege, siehe, das ist geschrieben im Buch der Könige Israels und Juda's.

8 Fünfundzwanzig Jahre alt war er, da er König ward, und regierte sechzehn Jahre zu Jerusalem.

9 Und Jotham entschlief mit seinen Vätern, und sie begruben ihn in der Stadt Davids. Und sein Sohn Ahas ward König an seiner Statt.

28. Kapitel

Des Ahas abgöttische Regierung; der Prophet Oded; Strafgerichte Gottes über Ahas.

1 Ahas war zwanzig Jahre alt, da er König ward, und regierte sechzehn Jahre zu Jerusalem und tat nicht, was dem HERRN wohl gefiel, wie sein Vater David,

2 sondern wandelte in den Wegen der Könige Israels. Dazu machte er gegossene Bilder den Baalim

3 und räucherte im Tal der Kinder Hinnom und verbrannte seine Söhne mit Feuer nach den Gräuel der Heiden, die der HERR vor den Kindern Israel vertrieben hatte,

4 und opferte und räucherte auf den Höhen und

auf den Hügeln und unter allen grünen Bäumen.

5 Darum gab ihn der HERR, sein Gott, in die Hand des Königs von Syrien, daß sie ihn schlugen und einen großen Haufen von den Seinen gefangen wegführten und gen Damaskus brachten. Auch ward er gegeben unter die Hand des Königs Israels, daß er einen großen Schlag an ihm tat.

6 Denn Pekah, der Sohn Remaljas, schlug in Juda hundertzwanzigtausend auf einen Tag, die alle streitbare Leute waren, darum daß sie den HERRN, ihrer Väter Gott, verließen.

7 Und Sichri, ein Gewaltiger in Ephraim, erwürgte Maaseja, einen Königssohn, und Asrikam, den Hausfürsten, und Elkana, den nächsten nach dem König.

8 Und die Kinder Israel führten gefangen weg zweihunderttausend Weiber, Söhne und Töchter und nahmen dazu großen Raub von ihnen und brachten den Raub gen Samaria.

9 Es war daselbst aber ein Prophet des HERRN, der hieß Obed; der ging heraus, dem Heer entgegen, das gen Samaria kam, und sprach zu ihnen: Siehe, weil der HERR, eurer Väter Gott, über Juda zornig ist, hat er sie in eure Hände gegeben; ihr aber habt sie erwürgt so gräulich, daß es in den Himmel reicht.

10 Nun gedenkt ihr, die Kinder Juda's und Jerusalems euch zu unterwerfen zu Knechten und Mägden. Ist das denn nicht Schuld bei euch wider den HERRN, euren Gott?

Das 2. Buch der Chronik

11 So gehorcht mir nun und bringt die Gefangenen wieder hin, die ihr habt weggeführt aus euren Brüdern; denn des HERRN Zorn ist über euch ergrimmt.

12 Da machten sich auf etliche unter den Vornehmsten der Kinder Ephraim: Asarja, der Sohn Johanans, Berechja, der Sohn Mesillemoths, Jehiskia, der Sohn Sallums, und Amasa, der Sohn Hadlais, wider die, so aus dem Heer kamen,

13 und sprachen zu ihnen: Ihr sollt die Gefangenen nicht hereinbringen; denn ihr gedenkt nur, Schuld vor dem HERRN über uns zu bringen, auf daß ihr unsrer Sünden und Schuld desto mehr macht; denn es ist schon der Schuld zu viel und der Zorn über Israel ergrimmt.

14 Da ließen die Geharnischten die Gefangenen und den Raub vor den Obersten und vor der ganzen Gemeinde.

15 Da standen auf die Männer, die jetzt mit Namen genannt sind, und nahmen die Gefangenen; und alle, die bloß unter ihnen waren, zogen sie an von dem Geraubten und kleideten sie und zogen ihnen Schuhe an und gaben ihnen zu essen und zu trinken und salbten sie und führten sie auf Eseln alle, die schwach waren, und brachten sie gen Jericho, zur Palmenstadt, zu ihren Brüdern und kamen wieder gen Samaria.

16 Zu derselben Zeit sandte der König Ahas zu den Königen von Assyrien, daß sie ihm hülfen.

17 Und es kamen abermals die Edomiter und schlugen Juda und führten etliche weg.

18 Auch fielen die Philister ein in die Städte in der Aue und dem Mittagslande Juda's und gewannen Beth-Semes, Ajalon, Gederoth und Socho mit ihren Ortschaften und wohnten darin.

19 Denn der HERR demütigte Juda um Ahas willen, des Königs Juda's, darum daß er die Zucht auflöste in Juda und vergriff sich am HERRN.

20 Und es kam wider ihn Thilgath-Pilneser, der König von Assyrien; der bedrängte ihn, und stärkte ihn nicht.

21 Denn Ahas plünderte das Haus des HERRN und das Haus des Königs und der Obersten und gab es dem König von Assyrien; aber es half ihm nichts.

22 Dazu in seiner Not machte der König Ahas das Vergreifen am HERRN noch mehr

23 und opferte den Göttern zu Damaskus, die ihn geschlagen hatten, und sprach: Die Götter der Könige von Assyrien helfen ihnen; darum will ich ihnen opfern, daß sie mir auch helfen, so doch dieselben ihn und dem ganzen Israel zum Fall waren.

24 Und Ahas brachte zuhauf die Gefäße des Hauses Gottes und zerschlug die Gefäße im Hause Gottes und schloß die Türen zu am Hause des HERRN und machte sich Altäre in allen Winkeln zu Jerusalem.

25 Und in den Städten Juda's hin und her

machte er Höhen, zu räuchern andern Göttern, und reizte den HERRN, seiner Väter Gott.

26 Was aber mehr von ihm zu sagen ist und alle seine Wege, beide, die ersten und die letzten, siehe, das ist geschrieben im Buch der Könige Juda's und Israels.

27 Und Ahas entschlief mit seinen Vätern, und sie begruben ihn in der Stadt zu Jerusalem; denn sie brachten ihn nicht in die Gräber der Könige Israels. Und sein Sohn Hiskia ward König an seiner Statt.

29. Kapitel

Hiskia stellt den rechten Gottesdienst wieder her.

1 Hiskia war fünfundzwanzig Jahre alt, da er König ward, und regierte neunundzwanzig Jahre zu Jerusalem. Seine Mutter hieß Abia, eine Tochter Sacharjas.

2 Und er tat, was dem HERRN wohl gefiel, wie sein Vater David.

3 Er tat auf die Türen am Hause des HERRN im ersten Monat des ersten Jahres seines Königreichs und befestigte sie

4 und brachte hinein die Priester und die Leviten und versammelte sie auf der breiten Gasse gegen Morgen

5 und sprach zu ihnen: Hört mir zu, ihr Leviten! Heiligt euch nun, daß ihr heiligt das Haus des

HERR, des Gottes eurer Väter, und tut heraus den Unflat aus dem Heiligtum.

6 Denn unsre Väter haben sich vergriffen und getan, was dem HERRN, unserm Gott, übel gefällt, und haben ihn verlassen; denn sie haben ihr Angesicht von der Wohnung des HERRN abgewandt und ihr den Rücken zugekehrt

7 und haben die Tore an der Halle zugeschlossen und die Lampen ausgelöscht und kein Räuchwerk geräuchert und kein Brandopfer getan im Heiligtum dem Gott Israels.

8 Daher ist der Zorn des HERRN über Juda und Jerusalem gekommen, und er hat sie dahingegeben in Zerstreuung und Verwüstung, daß man sie anpfeift, wie ihr mit euren Augen seht.

9 Denn siehe, um deswillen sind unsre Väter gefallen durchs Schwert; unsre Söhne, Töchter und Weiber sind weggeführt.

10 Nun habe ich im Sinn einen Bund zu machen mit dem HERRN, dem Gott Israels, daß sein Zorn und Grimm sich von uns wende.

11 Nun, meine Söhne, seid nicht lässig; denn euch hat der HERR erwählt, daß ihr vor ihm stehen sollt und daß ihr seine Diener und Räucherer seid.

12 Da machten sich auf die Leviten: Mahath, der Sohn Amasais, und Joel, der Sohn Asarjas, aus den Kindern der Kahathiter; aus den Kindern aber Merari: Kis, der Sohn Abdis, und Asarja, der Sohn Jehallel-Els; aber aus den Kindern der

Gersoniter: Joah, der Sohn Simmas, und Eden, der Sohn Joahs;

13 Und aus den Kinder Elizaphan: Simri und Jeiel; aus den Kindern Asaph: Sacharja und Matthanja;

14 und aus den Kindern Heman: Jehiel und Simei; und aus den Kindern Jeduthun: Semaja und Usiel.

15 Und sie versammelten ihre Brüder und heiligten sich und gingen hinein nach dem Gebot des Königs aus dem Wort des HERRN, zu reinigen das Haus des HERRN.

16 Die Priester aber gingen hinein inwendig ins Haus des HERRN, zu reinigen und taten alle Unreinigkeit, die im Tempel des HERRN gefunden ward, auf den Hof am Hause des HERRN, und die Leviten nahmen sie und trugen sie hinaus an den Bach Kidron.

17 Sie fingen aber an am ersten Tage des ersten Monats, sich zu heiligen, und am achten Tage des Monats gingen sie in die Halle des HERRN und heiligten das Haus des HERRN acht Tage und vollendeten es am sechzehnten Tage des ersten Monats.

18 Und sie gingen hinein zum König Hiskia und sprachen: Wir haben gereinigt das ganze Haus des HERRN, den Brandopferaltar und alle seine Geräte, den Tisch der Schaubrote und alle seine Geräte.

19 Und alle Gefäße, die der König Ahas, da er König war, besudelt hatte, da er sich

versündigte, die haben wir zugerichtet und geheiligt; siehe, sie sind vor dem Altar des HERRN.

20 Da machte sich auf der König Hiskia und versammelte die Obersten der Stadt und ging hinauf zum Hause des Herrn;

21 und sie brachten herzu sieben Farren, sieben Widder, sieben Lämmer und sieben Ziegenböcke zum Sündopfer für das Königreich, für das Heiligtum und für Juda. Und er sprach zu den Priestern, den Kindern Aaron, daß sie opfern sollten auf dem Altar des HERRN.

22 Da schlachteten sie die Rinder, und die Priester nahmen das Blut und sprengten es auf den Altar; und schlachteten die Widder und sprengten das Blut auf den Altar; und schlachteten die Lämmer und sprengten das Blut auf den Altar;

23 und brachten die Böcke zum Sündopfer vor den König und die Gemeinde und legten ihre Hände auf sie,

24 und die Priester schlachteten sie und taten ihr Blut zur Entsündigung auf den Altar, zu versöhnen das ganze Israel. Denn der König hatte befohlen, Brandopfer und Sündopfer zu tun für das ganze Israel.

25 Und er stellte die Leviten auf im Hause des HERRN mit Zimbeln, Psaltern und Harfen, wie es David befohlen hatte und Gad, der Seher des Königs und der Prophet Nathan; denn es war des HERRN Gebot durch seine Propheten.

26 Und die Leviten standen mit den Saitenspielen Davids und die Priester mit den Drommeten.

27 Und Hiskia hieß Brandopfer tun auf dem Altar. Und um die Zeit, da man anfing das Brandopfer, fing auch der Gesang des HERRN und die Drommeten und dazu mancherlei Saitenspiel Davids, des Königs Israels.

28 Und die ganze Gemeinde betete an; und der Gesang der Sänger und das Drommeten der Drommeter währte alles, bis das Brandopfer ausgerichtet war.

29 Da nun das Brandopfer ausgerichtet war, beugte sich der König und alle, die sich bei ihm fanden, und beteten an.

30 Und der König Hiskia samt den Obersten hieß die Leviten den HERRN loben mit den Liedern Davids und Asaphs, des Sehers. Und sie lobten mit Freuden und neigten sich und beteten an.

31 Und Hiskia antwortete und sprach: Nun habt ihr eure Hände gefüllt dem HERRN; tretet hinzu und bringt her die Opfer und Lobopfer zum Hause des HERRN. Und die Gemeinde brachte herzu Opfer und Lobopfer, und jedermann freiwilligen Herzens Brandopfer.

32 Und die Zahl der Brandopfer, die die Gemeinde herzubrachte, waren siebzig Rinder, hundert Widder und zweihundert Lämmer, und solches alles zum Brandopfer dem HERRN.

33 Und sie heiligten sechshundert Rinder und

dreitausend Schafe.

34 Aber der Priester waren zu wenig, und konnten nicht allen Brandopfern die Haut abziehen, darum halfen ihnen ihre Brüder, die Leviten, bis das Werk ausgerichtet ward und bis sich die Priester heiligten; denn die Leviten waren eifriger, sich zu heiligen, als die Priester.

35 Auch war der Brandopfer viel mit dem Fett der Dankopfer und mit den Trankopfern zu den Brandopfern. Also ward das Amt am Hause des HERRN fertig.

36 Und Hiskia freute sich samt allem Volk dessen, was Gott dem Volke bereitet hatte; denn es geschah eilend.

30. Kapitel

Ausrufung und Feier des Passah.

1 Und Hiskia sandte hin zum ganzen Israel und Juda und schrieb Briefe an Ephraim und Manasse, daß sie kämen zum Hause des HERRN gen Jerusalem, Passah zu halten dem HERRN, dem Gott Israels.

2 Und der König hielt einen Rat mit seinen Obersten und der ganzen Gemeinde zu Jerusalem, das Passah zu halten im zweiten Monat.

3 Denn sie konnten's nicht halten zur selben Zeit, darum daß der Priester nicht genug

geheiligt waren und das Volk noch nicht zuhauf gekommen war gen Jerusalem.

4 Und es gefiel dem König wohl und der ganzen Gemeinde,

5 und sie bestellten, daß solches ausgerufen würde durch ganz Israel von Beer-Seba an bis gen Dan, daß sie kämen, Passah zu halten dem HERRN, dem Gott Israels, zu Jerusalem; denn es war lange nicht gehalten, wie es geschrieben steht.

6 Und die Läufer gingen hin mit den Briefen von der Hand des Königs und seiner Obersten durch ganz Israel und Juda nach dem Befehl des Königs und sprachen: Ihr Kinder Israel, bekehrt euch zu dem HERRN, dem Gott Abrahams, Isaaks und Israels, so wird er sich kehren zu den Entronnenen, die noch übrig unter euch sind aus der Hand der Könige von Assyrien.

7 Und seid nicht wie eure Väter und Brüder, die sich am HERRN, ihrer Väter Gott, vergriffen, daß er sie dahingab in die Verwüstung, wie ihr selber seht.

8 So seid nun nicht halsstarrig wie eure Väter; sondern gebt eure Hand dem HERRN und kommt zu seinem Heiligtum, das er geheiligt hat ewiglich, und dient dem HERRN, eurem Gott, so wird sich der Grimm seines Zorns von euch wenden.

9 Denn so ihr euch bekehrt zu dem HERRN, so werden eure Brüder und Kinder Barmherzigkeit haben vor denen, die sie gefangen halten, daß

sie wieder in dies Land kommen. Denn der HERR, euer Gott, ist gnädig und barmherzig und wird sein Angesicht nicht von euch wenden, so ihr euch zu ihm bekehrt.

10 Und die Läufer gingen von einer Stadt zur andern im Lande Ephraim und Manasse und bis gen Sebulon; aber sie verlachten sie und spotteten ihrer.

11 Doch etliche von Asser und Manasse und Sebulon demütigten sich und kamen gen Jerusalem.

12 Auch kam Gottes Hand über Juda, daß er ihnen gab einerlei Herz, zu tun nach des Königs und der Obersten Gebot aus dem Wort des HERRN.

13 Und es kam zuhauf gen Jerusalem ein großes Volk, zu halten das Fest der ungesäuerten Brote im zweiten Monat, eine sehr große Gemeinde.

14 Und sie machten sich auf und taten ab die Altäre, die zu Jerusalem waren, und alle Räuchwerke taten sie weg und warfen sie in den Bach Kidron;

15 und sie schlachteten das Passah am vierzehnten Tage des zweiten Monats. Und die Priester und Leviten bekannten ihre Schande und heiligten sich und brachten die Brandopfer zum Hause des HERRN

16 und standen in ihrer Ordnung, wie sich's gebührt, nach dem Gesetz Mose's, des Mannes Gottes. Und die Priester sprengten das Blut von

der Hand der Leviten.

17 Denn ihrer waren viele in der Gemeinde, die sich nicht geheiligt hatten; darum schlachteten die Leviten das Passah für alle, die nicht rein waren, daß sie dem HERRN geheiligt würden.

18 Auch war des Volks viel von Ephraim, Manasse, Isaschar und Sebulon, die nicht rein waren, sondern aßen das Osterlamm, aber nicht, wie geschrieben steht. Denn Hiskia bat für sie und sprach: Der HERR, der gütig ist, wolle gnädig sein

19 allen, die ihr Herz schicken, Gott zu suchen, den HERRN, den Gott ihrer Väter, wiewohl nicht in heiliger Reinigkeit.

20 Und der HERR erhörte Hiskia und heilte das Volk.

21 Also hielten die Kinder Israel, die zu Jerusalem gefunden wurden, das Fest der ungesäuerten Brote sieben Tage mit großer Freude. Und die Leviten und Priester lobten den HERRN alle Tage mit starken Saitenspielen des HERRN.

22 Und Hiskia redete herzlich mit allen Leviten, die verständig waren im Dienste des HERRN. Und sie aßen das Fest über, sieben Tage, und opferten Dankopfer und dankten dem HERRN, ihrer Väter Gott.

23 Und die ganze Gemeinde ward Rats, noch andere sieben Tage zu halten, und hielten auch die sieben Tage mit Freuden.

Das 2. Buch der Chronik

24 Denn Hiskia, der König Juda's, gab eine Hebe für die Gemeinde: tausend Farren und siebentausend Schafe; die Obersten aber gaben eine Hebe für die Gemeinde: tausend Farren und zehntausend Schafe. Auch hatten sich der Priester viele geheiligt.

25 Und es freuten sich die ganze Gemeinde Juda's, die Priester und Leviten und die ganze Gemeinde, die aus Israel gekommen waren, und die Fremdlinge, die aus dem Lande Israel gekommen waren und in Juda wohnten,

26 und war eine große Freude zu Jerusalem; denn seit der Zeit Salomos, des Sohnes Davids, des Königs Israels, war solches zu Jerusalem nicht gewesen.

27 Und die Priester und die Leviten standen auf und segneten das Volk, und ihre Stimme ward erhört, und ihr Gebet kam hinein vor seine heilige Wohnung im Himmel.

31. Kapitel

Abschaffung der Abgötterei und Versorgung der Priester und Leviten.

1 Und da dies alles war ausgerichtet, zogen hinaus alle Israeliten, die unter den Städten Juda's gefunden wurden, und zerbrachen die Säulen und hieben die Ascherabilder ab und brachen ab die Höhen und Altäre aus dem

ganzen Juda, Benjamin, Ephraim und Manasse, bis sie sie ganz aufräumten. Und die Kinder Israel zogen alle wieder zu ihrem Gut in ihre Städte.

2 Hiskia aber bestellte die Priester und Leviten nach ihren Ordnungen, einen jeglichen nach seinem Amt, beider, der Priester und Leviten, zu Brandopfern und Dankopfern, daß sie dienten, dankten und lobten in den Toren des Lagers des HERRN.

3 Und der König gab seinen Teil von seiner Habe zu Brandopfern des Morgens und des Abends und zu Brandopfern am Sabbat und an den Neumonden und Festen, wie es geschrieben steht im Gesetz des HERRN.

4 Und er sprach zu dem Volk, das zu Jerusalem wohnte, daß sie ihren Teil gäben den Priestern und Leviten, auf daß sie könnten desto härter halten am Gesetz des HERRN.

5 Und da das Wort ausging, gaben die Kinder Israel viel Erstlinge von Getreide, Most, Öl, Honig und allerlei Ertrag des Feldes, und allerlei Zehnten brachten sie viel hinein.

6 Und die Kinder Israel und Juda, die in den Städten Juda's wohnten, brachten auch Zehnten von Rindern und Schafen und Zehnten von dem Geheiligten, das sie dem HERRN, ihrem Gott, geheiligt hatten, und machten hier einen Haufen und da einen Haufen.

7 Im dritten Monat fingen sie an, Haufen auszuschütten, und im siebenten Monat richteten

sie es aus.

8 Und da Hiskia mit den Obersten hineinging und sahen die Haufen, lobten sie den HERRN und sein Volk Israel.

9 Und Hiskia fragte die Priester und die Leviten um die Haufen.

10 Und Asarja, der Priester, der Vornehmste im Hause Zadok, sprach zu ihm: Seit der Zeit, da man angefangen hat, die Hebe zu bringen ins Haus des HERRN, haben wir gegessen und sind satt geworden, und ist noch viel übriggeblieben; denn der HERR hat sein Volk gesegnet, darum ist dieser Haufe übriggeblieben.

11 Da befahl der König, daß man Kammern zubereiten sollte am Hause des HERRN. Und sie bereiteten zu

12 und taten hinein die Hebe, die Zehnten und das Geheiligte treulich. Und über dasselbe war Fürst Chananja, der Levit, und Simei, sein Bruder, der nächste nach ihm;

13 und Jehiel, Asasja, Nahath, Asahel, Jerimoth, Josabad, Eliel, Jismachja, Mahath und Benaja, verordnet zur Hand Chananjas und Simeis, seine Bruders, nach Befehl des Königs Hiskia und Asarjas, des Fürsten im Hause Gottes.

14 Und Kore, der Sohn Jimnas, der Levit, der Torhüter gegen Morgen, war über die freiwilligen Gaben Gottes, die dem HERRN zur Hebe gegeben wurden, und über die hochheiligen.

15 Und unter seiner Hand waren: Eden,

Minjamin, Jesua, Semaja, Amarja und Sechanja in den Städten der Priester, auf Treu und Glauben, daß sie geben sollten ihren Brüdern nach ihren Ordnungen, dem jüngsten wie dem ältesten,

16 ausgenommen, die aufgezeichnet waren als Mannsbilder drei Jahre alt und darüber, alle, die in das Haus des HERRN gingen nach Gebühr eines jeglichen Tages zu ihrem Amt in ihrem Dienst nach ihren Ordnungen

17 (die Priester aber wurden aufgezeichnet nach ihren Vaterhäusern, und die Leviten von zwanzig Jahren und darüber waren in ihrem Dienst nach ihren Ordnungen);

18 dazu denen, die ausgezeichnet wurden als ihre Kinder, Weiber, Söhne und Töchter unter der ganzen Menge. Denn sie heiligten treulich das Geheiligte.

19 Auch waren Männer mit Namen benannt unter den Kindern Aaron, den Priestern, auf den Feldern der Vorstädte in allen Städten, daß sie Teile gäben allen Mannsbildern unter den Priestern und allen, die unter die Leviten aufgezeichnet wurden.

20 Also tat Hiskia im ganzen Juda und tat, was gut, recht und wahrhaftig war vor dem HERRN, seinem Gott.

21 Und in allem Tun, das er anfing, am Dienst des Hauses Gottes nach dem Gesetz und Gebot, zu suchen seinen Gott, handelte er von ganzem Herzen; darum hatte er auch Glück.

32. Kapitel

Jerusalem von Sanherib belagert und wunderbar errettet. Des Hiskias Krankheit, Ehrgeiz und Tod.

1 Nach diesen Geschichten und dieser Treue kam Sanherib, der König von Assyrien, und zog nach Juda und lagerte sich vor die festen Städte und gedachte, sie zu sich zu reißen.

2 Und da Hiskia sah, daß Sanherib kam und sein Angesicht stand zu streiten wider Jerusalem,

3 ward er Rats mit seinen Obersten und Gewaltigen, zuzudecken die Wasser der Brunnen, die draußen vor der Stadt waren; und sie halfen ihm.

4 Und es versammelte sich ein großes Volk und deckten zu alle Brunnen und den Bach, der mitten durchs Land fließt, und sprachen: Daß die Könige von Assyrien nicht viel Wasser finden, wenn sie kommen.

5 Und er ward getrost und baute alle Mauern, wo sie lückig waren, und machte Türme darauf und baute draußen noch die andere Mauer und befestigte Millo an der Stadt Davids und machte viel Waffen und Schilde

6 und setzte Hauptleute zum Streit über das Volk und sammelte sie zu sich auf die breite Gasse am Tor der Stadt und redete herzlich mit ihnen und sprach:

7 Seid getrost und frisch, fürchtet euch nicht

und zagt nicht vor dem König von Assyrien noch vor all dem Haufen, der bei ihm ist; denn es ist ein Größerer mit uns als mit ihm:

8 Mit ihm ist sein fleischlicher Arm; mit uns aber ist der HERR, unser Gott, daß er uns helfe und führe den Streit. Und das Volk verließ sich auf die Worte Hiskias, des Königs Juda's.

9 Darnach sandte Sanherib, der König von Assyrien, seine Knechte gen Jerusalem (denn er lag vor Lachis und alle seine Herrschaft mit ihm) zu Hiskia, dem König Juda's, und zum ganzen Juda, das zu Jerusalem war, und ließ ihm sagen:

10 So spricht Sanherib, der König von Assyrien: Wes vertröstet ihr euch, die ihr wohnt in dem belagerten Jerusalem?

11 Hiskia beredet euch, daß er euch gebe in den Tod durch Hunger und Durst, und spricht: Der HERR, unser Gott, wird uns erretten von der Hand des Königs von Assyrien.

12 Ist er nicht der Hiskia, der seine Höhen und Altäre weggetan hat und gesagt zu Juda und Jerusalem: Vor einem Altar sollt ihr anbeten und darauf räuchern?

13 Wißt ihr nicht, was ich und meine Väter getan haben allen Völkern in den Ländern? Haben auch die Götter der Heiden in den Ländern können ihre Länder erretten von meiner Hand?

14 Wer ist unter allen Göttern dieser Heiden, die meine Väter verbannt haben, der sein Volk habe erretten können von meiner Hand, daß

euer Gott euch sollte erretten können aus meiner Hand?

15 So laßt euch nun Hiskia nicht betrügen und laßt euch durch solches nicht bereden und glaubt ihm nicht. Denn so kein Gott aller Heiden und Königreiche hat sein Volk können von meiner und meiner Väter Hände erretten, so werden euch auch eure Götter nicht erretten können von meiner Hand.

16 Dazu redeten seine Knechte noch mehr wider Gott den HERRN und wider seinen Knecht Hiskia.

17 Auch schrieb er Briefe, Hohn zu sprechen dem HERRN, dem Gott Israels, und redete von ihm und sprach: Wie die Götter der Heiden in den Ländern Ihr Volk nicht haben errettet von meiner Hand, so wird auch der Gott Hiskias sein Volk nicht erretten von meiner Hand.

18 Und sie riefen mit lauter Stimme auf jüdisch zum Volk zu Jerusalem, das auf der Mauer war, sie furchtsam zu machen und zu erschrecken, daß sie die Stadt gewönnen,

19 und redeten wider den Gott Jerusalems wie wider die Götter der Völker auf Erden, die Menschenhände Werk waren.

20 Aber der König Hiskia und der Prophet Jesaja, der Sohn des Amoz, beteten dawider und schrieen gen Himmel.

21 Und der HERR sandte einen Engel, der vertilgte alle Gewaltigen des Heeres und Fürsten und Obersten im Lager des Königs von

Assyrien, daß er mit Schanden wieder in sein Land zog. Und da er in seines Gottes Haus ging, fällten ihn daselbst durchs Schwert, die von seinem eigenen Leib gekommen waren.

22 Also half der HERR dem Hiskia und denen zu Jerusalem aus der Hand Sanheribs, des Königs von Assyrien, und aller andern und gab ihnen Ruhe umher,

23 daß viele dem HERRN Geschenke brachten gen Jerusalem und Kleinode Hiskia, dem König Juda's. Und er ward darnach erhoben vor allen Heiden.

24 Zu der Zeit ward Hiskia todkrank. Und er bat den HERRN; der redete zu ihm und gab ihm ein Wunderzeichen.

25 Aber Hiskia vergalt nicht, wie ihm gegeben war; denn sein Herz überhob sich. Darum kam der Zorn über ihn und über Juda und Jerusalem.

26 Aber Hiskia demütigte sich, daß sein Herz sich überhoben hatte, samt denen zu Jerusalem; darum kam der Zorn des HERRN nicht über sie, solange Hiskia lebte.

27 Und Hiskia hatte sehr großen Reichtum und Ehre und machte sich Schätze von Silber, Gold, Edelsteinen, Gewürzen, Schilden und allerlei köstlichem Geräte

28 und Vorratshäuser zu dem Ertrag an Getreide, Most und Öl und Ställe für allerlei Vieh und Hürden für die Schafe,

29 und er baute sich Städte und hatte Vieh an Schafen und Rindern die Menge; denn Gott gab

ihm sehr großes Gut.

30 Er ist der Hiskia, der die obere Wasserquelle in Gihon zudeckte und leitete sie hinunter abendwärts von der Stadt Davids; denn Hiskia war glücklich in allen seinen Werken.

31 Da aber die Botschafter der Fürsten von Babel zu ihm gesandt waren, zu fragen nach dem Wunder, das im Lande geschehen war, verließ ihn Gott also, daß er ihn versuchte, auf daß kund würde alles, was in seinem Herzen war.

32 Was aber mehr von Hiskia zu sagen ist und seine Barmherzigkeit, siehe, das ist geschrieben in dem Gesicht des Propheten Jesaja, des Sohnes Amoz, im Buche der Könige Juda's und Israels.

33 Und Hiskia entschlief mit seinen Vätern, und sie begruben ihn, wo man hinangeht zu den Gräbern der Kinder Davids. Und ganz Juda und die zu Jerusalem taten ihm Ehre in seinem Tod. Und sein Sohn Manasse ward König an seiner Statt.

33. Kapitel

Manasses Abgötterei, Gefangenschaft,
Bekehrung und Gebet.
Sein abgöttischer Nachfolger Amon ermordet.

1 Manasse war zwölf Jahre alt, da er König

ward, und regierte fünfundfünfzig Jahre zu Jerusalem

2 und tat, was dem HERR übel gefiel, nach den Gräueln der Heiden, die der HERR vor den Kindern Israel vertrieben hatte,

3 und baute wieder Höhen, die sein Vater Hiskia abgebrochen hatte und stiftete den Baalim Altäre und machte Ascherabilder und betete an alles Heer des Himmels und diente ihnen.

4 Er baute auch Altäre im Hause des HERRN, davon der HERR geredet hat: Zu Jerusalem soll mein Name sein ewiglich;

5 und baute Altäre allem Heer des Himmels in beiden Höfen am Hause des HERRN.

6 Und er ließ seine Söhne durchs Feuer gehen im Tal des Sohnes Hinnoms und wählte Tage und achtete auf Vogelgeschrei und zauberte und stiftete Wahrsager und Zeichendeuter und tat viel, was dem HERRN übel gefiel, ihn zu erzürnen.

7 Er setzte auch das Bild des Götzen, das er machen ließ, ins Haus Gottes, davon Gott zu David geredet hatte und zu Salomo, seinem Sohn: In diesem Hause zu Jerusalem, das ich erwählt habe vor allen Stämmen Israels, will ich meinen Namen setzen ewiglich;

8 und will nicht mehr den Fuß Israels lassen weichen von dem Lande, das ich ihren Vätern bestellt habe, sofern sie sich halten, daß sie tun alles, was ich ihnen geboten habe, in allem Gesetz und den Geboten und Rechten durch

Mose.

9 Aber Manasse verführte Juda und die zu Jerusalem, daß sie ärger taten denn die Heiden, die der HERR vor den Kindern Israel vertilgt hatte.

10 Und wenn der HERR mit Manasse und seinem Volk reden ließ, merkten sie nicht darauf.

11 Darum ließ der HERR über sie kommen die Fürsten des Heeres des Königs von Assyrien, die nahmen Manasse gefangen mit Fesseln und banden ihn mit Ketten und brachten ihn gen Babel.

12 Und da er in Angst war, flehte er vor dem HERRN, seinem Gott, und demütigte sich sehr vor dem Gott seiner Väter

13 und bat und flehte zu ihm. Da erhörte er sein Flehen und brachte ihn wieder gen Jerusalem zu seinem Königreich. Da erkannte Manasse, daß der HERR Gott ist.

14 Darnach baute er die äußere Mauer an der Stadt Davids abendswärts an Gihon im Tal und wo man zum Fischtor eingeht und umher an den Ophel und machte sie sehr hoch und legte Hauptleute in die festen Städte Juda's

15 und tat weg die fremden Götter und den Götzen aus dem Hause des HERRN und alle Altäre, die er gebaut hatte auf dem Berge des Hauses des HERRN und zu Jerusalem, und warf sie hinaus vor die Stadt

16 und richtete zu den Altar des HERRN und

opferte darauf Dankopfer und Lobopfer und befahl Juda, daß sie dem HERRN, dem Gott Israels, dienen sollten.

17 Doch opferte das Volk noch auf den Höhen, wiewohl dem HERRN, ihrem Gott.

18 Was aber mehr von Manasse zu sagen ist und sein Gebet zu seinem Gott und die Reden der Seher, die mit ihm redeten im Namen des HERRN, des Gottes Israels, siehe, die sind unter den Geschichten der Könige Israels.

19 Und sein Gebet und Flehen und alle seine Sünde und Missetat und die Stätten, darauf er die Höhen baute und Ascherabilder und Götzen stiftete, ehe denn er gedemütigt ward, siehe, die sind geschrieben unter den Geschichten der Seher.

20 Und Manasse entschlief mit seinen Vätern und sie begruben ihn in seinem Hause. Und sein Sohn Amon ward König an seiner Statt.

21 Zweiundzwanzig Jahre alt war Amon, da er König ward, und regierte zwei Jahre zu Jerusalem

22 und tat, was dem HERRN übel gefiel, wie sein Vater Manasse getan hatte. Und Amon opferte allen Götzen, die sein Vater Manasse gemacht hatte, und diente ihnen.

23 Aber er demütigte sich nicht vor dem HERRN, wie sich sein Vater Manasse gedemütigt hatte; denn er, Amon, machte der Schuld viel.

24 Und seine Knechte machten einen Bund wieder ihn und töteten ihn in seinem Hause.

Das 2. Buch der Chronik

25 Da schlug das Volk im Lande alle, die den Bund wider den König Amon gemacht hatten. Und das Volk im Lande macht Josia, seinen Sohn zum König an seiner Statt.

34. Kapitel

Josia zerstört den Götzdendienst
und bessert den Tempel.
Vorlesung des wiedergefundenen Gesetzbuches.
Die Prophetin in Hulda. Erneuerung des Bundes.

1 Acht Jahre alt war Josia, da er König ward, und regierte einunddreißig Jahre zu Jerusalem

2 und tat, was dem HERRN wohl gefiel, und wandelte in den Wegen seines Vaters David und wich weder zur Rechten noch zur Linken.

3 Denn im achten Jahr seines Königreichs, da er noch jung war, fing er an zu suchen den Gott seines Vaters David, und im zwölften Jahr fing er an zu reinigen Juda und Jerusalem von den Höhen und Ascherabildern und Götzen und gegossenen Bildern

4 und ließ vor sich abbrechen die Altäre der Baalim, und die Sonnensäulen obendrauf hieb er ab, und die Ascherabilder und Götzen und gegossenen Bilder zerbrach er und machte sie zu Staub und streute sie auf die Gräber derer, die ihnen geopfert hatten,

5 und verbrannte die Gebeine der Priester auf

ihren Altären und reinigte also Juda und Jerusalem,

6 dazu in den Städten Manasses, Ephraims, Simeons und bis an Naphthali in ihren Wüsten umher.

7 Und da er die Altäre und Ascherabilder abgebrochen und die Götzen klein zermalmt und alle Sonnensäulen abgehauen hatte im ganzen Lande Israel, kam er wieder gen Jerusalem.

8 Im achtzehnten Jahr seines Königreichs, da er das Land und das Haus gereinigt hatte, sandte er Saphan, den Sohn Azaljas, und Maaseja, den Stadtvogt, und Joah, den Sohn Joahas, den Kanzler, zu bessern das Haus des HERRN, seines Gottes.

9 Und sie kamen zu dem Hohenpriester Hilkia; und man gab ihnen das Geld, das zum Hause Gottes gebracht war, welches die Leviten, die an der Schwelle hüteten, gesammelt hatten von Manasse, Ephraim und von allen übrigen in Israel und vom ganzen Juda und Benjamin und von denen, die zu Jerusalem wohnten;

10 und sie gaben's den Werkmeistern, die bestellt waren am Hause des HERRN. Die gaben's denen, die da arbeiteten am Hause des Herrn, wo es baufällig war, daß sie das Haus besserten,

11 nämlich den Zimmerleuten und Bauleuten, gehauene Steine zu kaufen und Holz zu Klammern und Balken an den Häusern, welche

die Könige Juda's verderbt hatten.

12 Und die Männer arbeiteten am Werk treulich. Und es waren über sie verordnet Jahath und Obadja, die Leviten aus den Kindern Meraris, Sacharja und Mesullam aus den Kindern der Kahathiten, das Werk zu treiben (und waren alle Leviten, die des Saitenspiels kundig waren).

13 Aber über die Lastträger und Treiber zu allerlei Arbeit in allen ihren Ämtern waren aus den Leviten die Schreiber, Amtleute und Torhüter.

14 Und da sie das Geld herausnahmen, das zum Hause des HERRN eingelegt war, fand Hilkia, der Priester, das Buch des Gesetzes des HERRN, das durch Mose gegeben war.

15 Und Hilkia antwortete und sprach zu Saphan, dem Schreiber: Ich habe das Gesetzbuch gefunden im Hause des HERRN. Und Hilkia gab das Buch Saphan.

16 Saphan aber brachte es zum König und gab dem König Bericht und sprach: Alles, was unter die Hände deiner Knechte gegeben ist, das machen sie.

17 Und sie haben das Geld zuhauf geschüttet, das im Hause des HERRN gefunden ist, und haben's gegeben denen, die verordnet sind, und den Arbeitern.

18 Und Saphan, der Schreiber, sagte dem König an und sprach: Hilkia, der Priester, hat mir ein Buch gegeben. Und Saphan las daraus vor dem König.

19 Und da der König die Worte des Gesetzes hörte, zerriß er seine Kleider.

20 Und der König gebot Hilkia und Ahikam, dem Sohn Saphans, und Abdon, dem Sohn Michas, und Saphan, dem Schreiber, und Asaja, dem Knecht des Königs, und sprach:

21 Gehet hin und fraget den HERRN für mich und für die übrigen in Israel und Juda über die Worte des Buches, das gefunden ist; denn der Grimm des HERRN ist groß, der über uns entbrannt ist, daß unsre Väter nicht gehalten haben das Wort des HERRN, daß sie täten, wie geschrieben steht in diesem Buch.

22 Da ging Hilkia hin samt den andern, die der König gesandt hatte, zu der Prophetin Hulda, dem Weibe Sallums, des Sohnes Thokehaths, des Sohnes Hasras, des Kleiderhüters, die zu Jerusalem wohnte im andern Teil, und redeten solches mit ihr.

23 Und sie sprach zu ihnen: So spricht der HERR, der Gott Israels: Saget dem Manne, der euch zu mir gesandt hat:

24 So spricht der HERR: Siehe, ich will Unglück bringen über diesen Ort und die Einwohner, alle die Flüche, die geschrieben stehen in dem Buch, das man vor dem König Juda's gelesen hat,

25 darum daß sie mich verlassen haben und andern Göttern geräuchert, daß sie mich erzürnten mit allerlei Werken ihrer Hände. Und mein Grimm ist entbrannt über diesen Ort und soll nicht ausgelöscht werden.

Das 2. Buch der Chronik

26 Und zum König Juda's, der euch gesandt hat, den HERRN zu fragen, sollt ihr also sagen: So spricht der HERR, der Gott Israels, von den Worten, die du gehört hast:

27 Darum daß dein Herz weich geworden ist und hast dich gedemütigt vor Gott, da du seine Worte hörtest wider diesen Ort und wider die Einwohner, und hast dich vor mir gedemütigt und deine Kleider zerrissen und vor mir geweint, so habe ich dich auch erhört, spricht der HERR.

28 Siehe, ich will dich sammeln zu deinen Vätern, daß du in dein Grab mit Frieden gesammelt werdest, daß deine Augen nicht sehen all das Unglück, das ich über diesen Ort und die Einwohner bringen will. Und sie sagten's dem König wieder.

29 Da sandte der König hin und ließ zuhauf kommen alle Ältesten in Juda und Jerusalem.

30 Und der König ging hinauf ins Haus des HERRN und alle Männer Juda's und Einwohner zu Jerusalem, die Priester, die Leviten und alles Volk, klein und groß; und wurden vor ihren Ohren gelesen alle Worte im Buch des Bundes, das im Hause des HERRN gefunden war.

31 Und der König trat an seinen Ort und machte einen Bund vor dem HERRN, daß man dem HERRN nachwandeln sollte, zu halten seine Gebote, Zeugnisse und Rechte von ganzem Herzen und von ganzer Seele, zu tun nach allen Worten des Bundes, die geschrieben standen in

diesem Buch.

32 Und er ließ in den Bund treten alle, die zu Jerusalem und in Benjamin vorhanden waren. Und die Einwohner zu Jerusalem taten nach dem Bund Gottes, des Gottes ihrer Väter.

33 Und Josia tat weg alle Gräuel aus allen Landen der Kinder Israel und schaffte, daß alle, die in Israel gefunden wurden, dem HERRN, ihrem Gott, dienten. Solange Josia lebte, wichen sie nicht von dem HERRN, ihrer Väter Gott.

35. Kapitel

*Josia hält feierliches Passah
und kommt im Krieg gegen Pharao Necho um.*

1 Und Josia hielt dem HERRN Passah zu Jerusalem, und sie schlachteten das Passah am vierzehnten Tage des ersten Monats.

2 Und er bestellte die Priester zu ihrem Dienst und stärkte sie zu ihrem Amt im Hause des HERRN

3 und sprach zu den Leviten, die ganz Israel lehrten und dem HERRN geheiligt waren: Tut die heilige Lade ins Haus das Salomo, der Sohn Davids, der König Israels, gebaut hat. Ihr sollt sie nicht auf den Schultern tragen. So dienet nun dem HERRN, eurem Gott, und seinem Volk Israel

4 und bereitet euch nach euren Vaterhäusern in euren Ordnungen, wie sie vorgeschrieben sind

von David, dem König Israels, und seinem Sohn Salomo,

5 und steht im Heiligtum nach den Ordnungen der Vaterhäuser eurer Brüder, vom Volk geboren, je eine Ordnung eines Vaterhauses der Leviten,

6 und schlachtet das Passah und heiligt euch und bereitet es für eure Brüder, daß sie tun nach dem Wort des HERRN durch Mose.

7 Und Josia gab zur Hebe für den gemeinen Mann Lämmer und junge Ziegen (alles zum Passah für alle, die vorhanden waren, an der Zahl dreißigtausend) und dreitausend Rinder, alles von dem Gut des Königs.

8 Seine Fürsten aber gaben zur Hebe freiwillig für das Volk und für die Priester und Leviten. Hilkia, Sacharja und Jehiel, die Fürsten im Hause Gottes, gaben den Priestern zum Passah zweitausend und sechshundert Lämmer und Ziegen, dazu dreihundert Rinder.

9 Aber Chananja, Semaja, Nathanael und seine Brüder, Hasabja, Jeiel und Josabad, der Leviten Oberste, gaben zur Hebe den Leviten zum Passah fünftausend Lämmer und Ziegen und dazu fünfhundert Rinder.

10 Also ward der Gottesdienst beschickt; und die Priester standen an ihrer Stätte und die Leviten in ihren Ordnungen nach dem Gebot des Königs.

11 Und sie schlachteten das Passah, und die Priester nahmen das Blut von ihren Händen und

sprengten, und die Leviten zogen die Haut ab.

12 Und die Brandopfer taten sie davon, daß sie die gäben unter die Teile der Vaterhäuser des Volks, dem HERRN zu opfern. Wie es geschrieben steht im Buch Mose's. So taten sie mit den Rindern auch.

13 Und sie kochten das Passah am Feuer, wie sich's gebührt. Aber was geheiligt war, kochten sie in Töpfen, Kesseln und Pfannen, und machten's eilend für alles Volk.

14 Darnach aber bereiteten sie auch für sich und die Priester. Denn die Priester, die Kinder Aaron, schafften an dem Brandopfer und Fetten bis in die Nacht; darum mußten die Leviten für sich und für die Priester, die Kinder Aaron, zubereiten.

15 Und die Sänger, die Kinder Asaph, standen an ihrer Stätte nach dem Gebot Davids und Asaphs und Hemans und Jedithuns, des Sehers des Königs, und die Torhüter an allen Toren, und sie wichen nicht von ihrem Amt; denn die Leviten, ihre Brüder, bereiteten zu für sie.

16 Also ward beschickt der Gottesdienst des HERRN des Tages, daß man Passah hielt und Brandopfer tat auf dem Altar des HERRN nach dem Gebot des Königs Josia.

17 Also hielten die Kinder Israel, die vorhanden waren, Passah zu der Zeit und das Fest der ungesäuerten Brote sieben Tage.

18 Es war aber kein Passah gehalten in Israel wie das, von der Zeit Samuels, des Propheten;

und kein König in Israel hatte solch Passah gehalten, wie Josia Passah hielt und die Priester, Leviten, ganz Juda und was von Israel vorhanden war und die Einwohner zu Jerusalem.

19 Im achtzehnten Jahr des Königreichs Josias ward dies Passah gehalten.

20 Nach diesem, da Josia das Haus zugerichtet hatte, zog Necho, der König in Ägypten, herauf, zu streiten wider Karchemis am Euphrat. Und Josia zog aus, ihm entgegen.

21 Aber er sandte Boten zu ihm und ließ ihm sagen: Was habe ich mit dir zu tun, König Juda's? ich komme jetzt nicht wider dich, sondern wider das Haus, mit dem ich Krieg habe; und Gott hat gesagt, ich soll eilen. Laß ab von Gott, der mit mir ist, daß er dich nicht verderbe!

22 Aber Josia wandte sein Angesicht nicht von ihm, sondern stellte sich, mit ihm zu streiten und gehorchte nicht den Worten Nechos aus dem Munde Gottes und kam, mit ihm zu streiten auf der Ebene bei Megiddo.

23 Aber die Schützen schossen den König Josia, und der König sprach zu seinen Knechten: Führt mich hinüber; denn ich bin sehr wund!

24 Und seine Knechte taten ihn von dem Wagen und führten ihn auf seinem andern Wagen und brachten ihn gen Jerusalem; und er starb und ward begraben in den Gräbern seiner Väter. Und ganz Juda und Jerusalem trugen Leid um Josia.

25 Und Jeremia beklagte Josia, und alle Sänger

und Sängerinnen redeten in ihren Klageliedern über Josia bis auf diesen Tag und machten eine Gewohnheit daraus in Israel. Siehe, es ist geschrieben unter den Klageliedern.

26 Was aber mehr von Josia zu sagen ist und seine Barmherzigkeit nach der Vorschrift im Gesetz des HERRN

27 und seine Geschichten, beide, die ersten und die letzten, siehe, das ist geschrieben im Buch der Könige Israels und Juda's.

36. Kapitel

Joahas, Jojakim, Jojachin, Zedekia.
Babylonische Gefangenschaft.
Erlaubnis zur Rückkehr durch Cyrus (Kores).

1 Und das Volk im Lande nahm Joahas, den Sohn Josias, und machte ihn zum König an seines Vaters Statt zu Jerusalem.

2 Dreiundzwanzig Jahre alt war Joahas, da er König ward. Und regierte drei Monate zu Jerusalem;

3 denn der König in Ägypten setzte ihn ab zu Jerusalem und büßte das Land um hundert Zentner Silber und einen Zentner Gold.

4 Und der König in Ägypten machte Eljakim, seinen Bruder, zum König über Juda und Jerusalem und wandelte seinen Namen in Jojakim. Aber seinen Bruder Joahas nahm Necho

und brachte ihn nach Ägypten.

5 Fünfundzwanzig Jahre alt war Jojakim, da er König ward. Und regierte elf Jahre zu Jerusalem und tat, was dem HERRN, seinem Gott, übel gefiel.

6 Und Nebukadnezar, der König zu Babel, zog wider ihn herauf und band ihn mit Ketten, daß er ihn gen Babel führte.

7 Auch brachte Nebukadnezar etliche Gefäße des Hauses des HERRN gen Babel und tat sie in seinen Tempel zu Babel.

8 Was aber mehr von Jojakim zu sagen ist und seine Gräuel, die er tat und die an ihm gefunden wurden, siehe, die sind geschrieben im Buch der Könige Israels und Juda's. Und sein Sohn Jojachin ward König an seiner Statt.

9 Acht Jahre alt war Jojachin, da er König ward. Und regierte drei Monate und zehn Tage zu Jerusalem und tat, was dem HERRN übel gefiel.

10 Da aber das Jahr um kam, sandte hin Nebukadnezar und ließ ihn gen Babel holen mit den köstlichen Gefäßen im Hause des HERRN und machte Zedekia, seinen Bruder zum König über Juda und Jerusalem.

11 Einundzwanzig Jahre alt war Zedekia, da er König ward. Und regierte elf Jahre zu Jerusalem

12 und tat, was dem HERRN, seinem Gott, übel gefiel, und demütigte sich nicht vor dem Propheten Jeremia, der da redete aus dem Munde des HERRN.

13 Dazu ward er abtrünnig von Nebukadnezar,

dem König zu Babel, der einen Eid bei Gott ihm genommen hatte, und ward halsstarrig und verstockte sein Herz, daß er sich nicht bekehrte zu dem HERRN, dem Gott Israels.

14 Auch alle Obersten unter den Priestern samt dem Volk machten des Sündigens viel nach allerlei Gräueln der Heiden und verunreinigten das Haus des HERRN, das er geheiligt hatte zu Jerusalem.

15 Und der HERR, ihrer Väter Gott, sandte zu ihnen durch seine Boten früh und immerfort; denn er schonte seines Volkes und seiner Wohnung.

16 Aber sie spotteten der Boten Gottes und verachteten seine Worte und äfften seine Propheten, bis der Grimm des HERRN über sein Volk wuchs, daß kein Heilen mehr da war.

17 Denn er führte über sie den König der Chaldäer und ließ erwürgen ihre junge Mannschaft mit dem Schwert im Hause ihres Heiligtums und verschonte weder die Jünglinge noch die Jungfrauen, weder die Alten noch die Großväter; alle gab er sie in seine Hand.

18 Und alle Gefäße im Hause Gottes, groß und klein, die Schätze im Hause des HERRN und die Schätze des Königs und seiner Fürsten, alles ließ er gen Babel führen.

19 Und sie verbrannten das Haus Gottes und brachen ab die Mauer zu Jerusalem, und alle ihre Paläste brannten sie mit Feuer aus, daß alle ihre köstlichen Geräte verderbt wurden.

20 Und er führte weg gen Babel, wer vom Schwert übriggeblieben war, und sie wurden seine und seiner Söhne Knechte, bis das Königreich der Perser aufkam,

21 daß erfüllt würde das Wort des HERRN durch den Mund Jeremia's, bis das Land an seinen Sabbaten genug hätte. Denn die ganze Zeit über, da es wüst lag, hatte es Sabbat, bis daß siebzig Jahre voll wurden.

22 Aber im ersten Jahr des Kores, des Königs in Persien (daß erfüllt würde das Wort des HERRN, durch den Mund Jeremia's geredet), erweckte der HERR den Geist des Kores, des Königs in Persien, daß er ließ ausrufen durch sein ganzes Königreich, auch durch Schrift, und sagen:

23 So spricht Kores, der König in Persien: Der HERR, der Gott des Himmels, hat mir alle Königreiche der Erde gegeben, und er hat mir befohlen, ihm ein Haus zu bauen zu Jerusalem in Juda. Wer nun unter euch seines Volkes ist, mit dem sei der HERR, sein Gott, und er ziehe hinauf.

Das 2. Buch der Chronik

Das 2. Buch der Chronik

Das 2. Buch der Chronik

Anhang und Register

(1) Luther Bibel 2017
(2) Menge Bibel
(3) Elberfelder Bibel
(4) Menge Bibel

Das 2. Buch der Chronik